MIT EXTRA-REZEPTKARTE

Auf der beigelegten Sammelkarte haben wir euch sechs Last-minute-Geschenke zusammengestellt – unsere Lieblingsgewürze für die Adventszeit. Ihr könnt sie ratzfatz in größeren Mengen zubereiten, in viele unterschiedliche Gläser abfüllen und so gleich mehreren lieben Menschen eine Freude bereiten. Herrlich stressfrei! Weihnachten kann kommen!

AUF EINEN BLICK

Unsere sieben Symbole zeigen euch sofort an, ob ein Gericht bestimmte Ernährungskriterien erfüllt!

- **Vegetarisch**
- **Vegan**
- **Laktosefrei**
- **Glutenfrei**
- **Kalorienarm**
- LOW CARB **Kohlenhydratarm**
- LOW FAT **Fettarm**

LIEBE LESERIN, LIEBER LESER,

bereits im September beginne ich damit, mir Gedanken über persönliche Geschenke für meine Familie und Freunde zu machen. Und was liegt da näher, als mit dem Thermomix® ganz einfach alles selbst zu machen?

Ich selbst liebe speziell die süßen Überraschungen. Allen voran: knusprige Plätzchen und winterlich aromatisierte Aufstriche wie die Bratapfelkonfitüre auf Seite 15. Manche Freundin oder Verwandte mag es lieber herzhaft – dann gibt's Pesto oder einen hausgemachten Kräuterdressing-Mix (Seite 118). Ich bereite stets gleich vier oder fünf Rezepte zu und davon jeweils die doppelte Menge. Anschließend kombiniere ich mehrere Leckerbissen zu individuellen Genuss-Sets.

In dieser Ausgabe findet ihr für alle Backstuben-Abenteuer, die vor euch liegen, einige sehr praktische Ratgeber: Ab Seite 8 verraten wir raffinierte Last-minute-Geschenkideen, ab Seite 124 findet ihr eine Übersicht aller Mixstufen, damit alles gelingt und auf Seite 142 gibt's Tipps, wie ihr Keks- und Schokoladenreste erneut verarbeiten könnt.

Ich wünsche euch viel Spaß beim Mixen!

Eure Vivien Koitka, Chefredakteurin

Titelfotos: Ira Leoni (1); Archiv (1) | Fotos: Anna Gieseler (1); Archiv (1)

INHALT

Alle zauberhaften Themen und Ratgeber

Fotos: Frauke Antholz (2); shutterstock.com/Gorbenko Olena (1); Anna Gieseler (2)

REZEPTE DIESER AUSGABE

UNSERE VERWENDETEN SYMBOLE IM ÜBERBLICK

MIXTOPF = | SANFTRÜHRSTUFE = | LINKSLAUF =

SPATEL = | TEIG-MODUS =

LAST-MINUTE-GESCHENKE

Bei spontanen Einladungen muss es mit dem Mitbringsel manchmal schnell gehen. Hier kommen die besten Ideen für Leckereien, die ihr super verschenken könnt. Alles ist in unter 10 Minuten gemixt!

GRÜN-WEISSE SALZBREZELN

Ein Blech mit Backpapier auslegen und zur Seite stellen. 150 g weiße Schokolade in Stücken in den geben, **10 Sek. | Stufe 8** zerkleinern und mit dem nach unten schieben. 20 g Kokosöl hinzufügen und **3 Min. | 50 °C | Stufe 2** schmelzen. Die Hälfte der Schokolade in eine kleine Schale umfüllen, zur anderen Hälfte 1 TL Matcha-Pulver (z. B. von Aiya, www.aiyatea.com) geben und **15 Sek. | Stufe 2** unterrühren. Die grüne Schokolade auch umfüllen. 50 g Salzbrezeln zur Hälfte in je eine der geschmolzenen Schokoladensorten tauchen, abtropfen lassen und auf das Backblech legen. Brezeln mit der anderen Sorte der Schokolade dekorieren, mit Streuseln nach Wahl garnieren. Brezeln 30 Min. in den Kühlschrank stellen. Sie lassen sich einige Tage in einer luftdichten Dose aufbewahren.

BLITZSCHNELL UND LECKER – ENERGY BALLS

150 g Trockenfrüchte, 70 g feste Zutaten (z. B. Nüsse, Kerne, Haferflocken) und wahlweise 1 TL Kakaopulver oder Kokosmehl in den geben und **20 Sek. | Stufe 8** zu einer recht klebrigen Masse vermengen. Mit angefeuchteten Händen kleine Bällchen formen. Diese in 30 g Topping nach Wahl (z. B. Kokosraspel, gepuffte Quinoa, pulverisierte gefriergetrocknete Früchte, gemahlene Pistazien, Mohn, Kakao) wälzen.

MARZIPANKARTOFFELN

250 g Zucker in den geben, **20 Sek. | Stufe 10** pulverisieren, dann umfüllen. 280 g Mandeln in den geben und **20 Sek. | Stufe 8** mahlen. Puderzucker und 20 g Rosenwasser zufügen und **3 Min. |** zu einer homogenen Masse vermengen. Die Marzipanmasse entnehmen, mit der Hand noch einmal durchkneten und dann zu kleinen Kugeln formen. Je einen Esslöffel Zucker und Zimt vermengen und die Kartoffeln darin wälzen.

„BOUNTY"-BROTAUFSTRICH „SCHNEECHAOS"

So einfach geht ein süßer Aufstrich! 800 g Kokos-Schokoriegel, 200 g Kokosmilch und 200 g weiche Butter, in Stücken in den geben und **20 Sek. | Stufe 6** pürieren. Mit dem nach unten schieben und den Vorgang für **10 Sek.** wiederholen. Aufstrich in hübsche Gläser füllen. Kühl gelagert hält sich der Aufstrich bis zu 2 Wochen.

NUSSMUS-VARIATIONEN

Für 2 Gläser à 250 ml 400 g Nusskerne nach Wahl (Mandelkerne, Erdnusskerne oder Haselnusskerne) in den geben und **20 Sek. | Stufe 8** mahlen. Mit dem nach unten schieben und den Vorgang wiederholen. Dann 20 g Honig, ¼ TL grobes Meersalz sowie 20 g Pflanzen- oder Nussöl zufügen und **3 Min. | Stufe 4** cremig rühren. Das Mus in sterile Gläser füllen. Im Kühlschrank lagern und innerhalb von 4 Wochen aufbrauchen. Nussmus schmeckt super als Aufstrich, eignet sich aber auch als Topping für Porridge, als Dip oder einfach so zum Naschen. In Milch eingerührt bekommt ihr außerdem eine leckere Nussmilch!

RENTIERNASEN

Perfekt, um Keks- und Kuchenreste zu verwerten! Einfach 20 g gefriergetrocknete Himbeeren im **8 Sek. | Stufe 8** pulverisieren und umfüllen. 50 g Mandeln **10 Sek. | Stufe 8** mahlen und umfüllen. 50 g weiße Schokolade **4 Sek. | Stufe 7** zerkleinern, 50 g Butter zugeben, **4 Min. | 40 °C | Stufe 2** schmelzen. Mandeln, 450 g Keks- und Kuchenreste, 20 g Marmelade sowie 50 g Rum in den zufügen, alles **20 Sek. | Stufe 6** zerkleinern und vermengen. Aus der Masse etwa 20 Kugeln formen und diese in den pulverisierten Himbeeren wälzen. Fertig! Falls die Nasen nicht am selben Tag vernascht werden, lagert sie am besten im Kühlschrank.

UNWIDERSTEHLICH GUT: MARZIPANLIKÖR

500 g Marzipanrohmasse in Stücken in den geben und **5 Sek. | Stufe 7** zerkleinern. Mit dem nach unten schieben und 250 g Milch zufügen. **8 Min. | 80 °C | Stufe 3** erwärmen. Sollte sich das Marzipan noch nicht komplett gelöst haben, **10 Sek. | Stufe 8** cremig rühren. 200 g Sahne, 330 g braunen Rum, 40 g Amaretto und 1 Msp. Zimtpulver zugeben, alles **20 Sek. | Stufe 4** verrühren. Den Marzipan-Likör anschließend in saubere Flaschen abfüllen und gekühlt lagern. Den Marzipan-Likör innerhalb eines Monats aufbrauchen.

Fotos: Kathrin Knoll (2); Anna Gieseler (3); aiya Matcha (1) | Illustrationen: Gettyimages / Stock / Getty Images Plus / LenLis (1)

KONFITÜREN, GELEES & LIKÖRE

Blutorangenmarmelade mit Kardamom

Bratapfelkonfitüre

Zitronenmarmelade

Schnelles Apfelgelee
mit Rosinen und Zimt

Orangenmarmelade

Würziges Punschgelee

Orangen-Tonka-Eierlikör

Weißer Lebkuchenlikör

KREATIV EINMACHEN

Aufstriche und Liköre mit winterlichen Aromen

MIT DEM GEWISSEN ETWAS

Blutorangenmarmelade mit Kardamom

01 40
std : min

LOW CARB LOW FAT

PRO PORTION (30 G): 62 KCAL | 0 G E | 0 G F | 14 G KH
ZUTATEN FÜR 4 SCHRAUBGLÄSER À 350 ML

- **1000 g brauner Zucker**
- **8 Kardamomkapseln**
- **6 mittelgroße unbehandelte Blutorangen, gewaschen**
- **1300 g Wasser**
- **100 g Zitronensaft**
- **1 TL neutrales Pflanzenfett (Sonnenblumenöl oder Kokosfett)**

1 | 50 g Zucker mit den Kardamomkapseln in den Mixtopf geben, **10 Sek. | Stufe 10** zerkleinern und umfüllen. Orangen sowie Wasser in den Mixtopf zugeben und **70 Min. | 100 °C | Linkslauf | Sanftrührstufe** weich kochen. Orangen durch den Varoma® abgießen und 10 Min. abkühlen lassen.

2 | Die Orangen längs vierteln, Stielansätze und Kerne entfernen, in den Mixtopf geben und **15 Sek. | Stufe 4,5** zerkleinern. Kardamom-Zucker mit restlichem Zucker zufügen und **30 Sek. | Linkslauf | Stufe 3** mischen.

3 | Zitronensaft mit Pflanzenfett zugeben. Anstelle des Messbechers den Garkorb als Spritzschutz auf den Deckel des Mixtopfs stellen und **15 Min. | 100 °C | Stufe 2** kochen. Gelierprobe machen (siehe Seite 28). Die Marmelade in die heiß ausgespülten Schraubgläser füllen, fest verschließen und 5 Min. auf die Deckel stellen. Umdrehen, auf einem Gitter abkühlen lassen und servieren oder kühl und trocken aufbewahren.

>**HALTBARKEIT** Richtig gelagert hält sich die Marmelade bis zu zwei Jahre.

>**TIPP** Das neutrale Pflanzenfett (Sonnenblumenöl oder Kokosfett, beispielsweise von Palmin) reduziert die Schaumbildung beim Einkochen der Marmelade.

Foto: Jorma Gottwald

Bratapfelkonfitüre

00 25
std : min

LOW CARB LOW FAT

PRO PORTION (30 G): 70 KCAL | 1 G E | 1 G F | 14 G KH
ZUTATEN FÜR 6 SCHRAUBGLÄSER À 250 ML

- **900 g Äpfel, geschält und geviertelt**
- **100 g Marzipanrohmasse**
- **30 g brauner Rum**
- **80 g Rosinen**
- **80 g Mandelblättchen**
- **1 TL Zimtpulver**
- **500 g Gelierzucker 2:1**

Äpfel mit Marzipan in den Mixtopf geben und **5 Sek. | Stufe 4** zerkleinern. Die übrigen Zutaten zufügen und alles **18 Min. | 100 °C | Linkslauf | Stufe 2** einkochen. Die Konfitüre in sterile Gläser füllen, mit einem Deckel verschließen und auf dem Deckel stehend abkühlen lassen.

>**HALTBARKEIT** Die Konfitüre ist mindestens 3 Monate haltbar.

>**TIPP** Wenn ihr keinen Alkohol verwenden möchtet, verwendet stattdessen die gleiche Menge Apfelsaft.

KLEINE STÜCKE

Ihr mögt eure Konfitüre gern besonders fein? Zerkleinert jeweils zweimal nur die halbe Menge Äpfel und Marzipan auf einmal.

Foto: Anna Gieseler (1), Archiv (1)

Zitronenmarmelade

02 00
std : min

LOW CARB LOW FAT

PRO PORTION (1 TL): 29 KCAL | 0 G E | 0 G F | 7 G KH
ZUTATEN FÜR 6 SCHRAUBGLÄSER À 200 ML

- **6 unbehandelte Zitronen, gewaschen**
- **1300 g Wasser**
- **500 g brauner Zucker**
- **500 g Zucker**
- **100 g Zitronensaft**

1 Die Zitronen mit dem Wasser in den geben und **70 Min.** | **100 °C** | | weich kochen. Durch den Varoma® abgießen und 10 Min. abkühlen lassen.

2 Gegarte Zitronen längs vierteln, Stielansätze und Kerne entfernen. Zitronenstücke in den geben und **15 Sek.** | **Stufe 4,5** zerkleinern. Beide Zuckersorten zufügen und **30 Sek.** | | **Stufe 3** vermischen.

3 Den Zitronensaft zugeben, anstelle des Messbechers den Garkorb als Spritzschutz auf den Deckel des stellen und **15 Min.** | **100 °C** | | **Stufe 2** kochen.

4 Die Gelierprobe machen (siehe Seite 28). Die Marmelade in die heiß ausgespülten Schraubgläser füllen und sofort verschließen. Schraubgläser 5 Min. auf den Deckel stellen, dann umdrehen und auf einem Kuchengitter abkühlen.

>**HALTBARKEIT** Richtig gelagert hält sich die Marmelade bis zu zwei Jahre.

Foto: Oliver Hauser

ZITRONEN
MARMELADE

Schnelles Apfelgelee mit Rosinen und Zimt

00 20
std : min

LOW CARB LOW FAT

PRO PORTION (30 G): 50 KCAL | 0 G E | 0 G F | 11 G KH

ZZGL. MIND. 8 STD. RUHEZEIT

ZUTATEN FÜR 6 SCHRAUBGLÄSER À 200 ML

- **100 g Rosinen**
- **30 g Calvados**
- **850 g Apfelsaft**
- **2 Stangen Zimt**
- **350 g Gelierzucker 3:1**

1 Rosinen über Nacht oder mind. 8 Std. in Calvados einlegen. Eingelegte Rosinen mit Apfelsaft, Zimtstangen sowie Gelierzucker in den geben und ohne Messbecher **14 Min. | 100°C | Stufe 1** aufkochen. Zwischendurch den Schaum ggf. mithilfe einer Schaumkelle abnehmen.

2 Die Zimtstangen entnehmen. Das Gelee in die sterilen Gläser abfüllen, fest verschließen und abkühlen lassen. Anschließend kühl und dunkel lagern.

>**HALTBARKEIT** Ungeöffnet ist das Gelee mindestens 6 Monate haltbar.

>**TIPP** Für eine alkoholfreie Variante könnt ihr statt Calvados auch die gleiche Menge Apfelsaft verwenden.

Foto: Anna Gieseler

Orangenmarmelade

00 45
std : min

LOW CARB LOW FAT

PRO PORTION (30 G): 43 KCAL | 1 G E | 0 G F | 12 G KH
ZUTATEN FÜR 5 SCHRAUBGLÄSER À 250 ML

- **500 g Gelierzucker 2:1**
- **Abrieb von 2 unbehandelten Orangen**
- **1300 g unbehandelte Orangen, in Spalten**
- **40 g frischer Ingwer, in dünnen Spalten**
- **50 g Zitronensaft**

1 | Gelierzucker mit Orangenabrieb in den geben, **10 Sek. | Stufe 10** pulverisieren und umfüllen. Orangenspalten sowie Ingwer in den füllen und **20 Sek. | Stufe 10** zerkleinern. Fruchtpüree durch ein feines Sieb streichen (am besten mithilfe einer Suppenkelle, in kreisenden Bewegungen), sodass grobe Stücke der Trennhäute entfernt werden.

2 | 800 g Fruchtpüree, Zitronensaft und Gelierzuckermischung in den geben, **5 Sek. | Stufe 5** mischen. Anstelle des Messbechers den Garkorb als Spritzschutz auf den Deckel des stellen und **18 Min. | Varoma® | Stufe 2** kochen.

3 | Entstandenen Schaum von der Oberfläche der Marmelade abschöpfen und die Gelierprobe machen. Gelee in die heiß ausgespülten Schraubgläser füllen und sofort verschließen. Die Schraubgläser 5 Min. auf den Deckel stellen, dann wieder umdrehen und abkühlen lassen. Servieren oder kühl aufbewahren.

>HALTBARKEIT Eingekochte Marmeladen halten sich ungeöffnet bis zu zwei Jahre.

FILETIEREN

Achtet darauf, dass ihr auch die weiße Haut vollständig vom Fruchtfleisch der Orange entfernt, da sie einen leicht bitteren Geschmack hat.

Foto: Jorma Gottwald (1), Archiv (1)

ORANGEN marmelade

Würziges Punschgelee

00 40
std : min

LOW CARB LOW FAT

PRO PORTION (30 G): 52 KCAL | 0 G E | 0 G F | 13 G KH

ZZGL. 30 MIN. RUHEZEIT

ZUTATEN FÜR 4 SCHRAUBGLÄSER À 250 ML

- **400 g Kirschsaft**
- **400 g Apfelsaft**
- **Abrieb und Saft von 2 unbehandelten Orangen**
- **Abrieb und Saft von 1 unbehandelten Zitrone**
- **Mark von 1 Vanilleschote**
- **3 Kardamomkapseln**
- **2 Zimtstangen**
- **6 Gewürznelken**
- **500 g Gelierzucker 2:1**

1 Alle Zutaten, bis auf den Gelierzucker, in den geben und **15 Min. | 100 °C | | Stufe 1** aufkochen. Anschließend etwa 30 Min. ziehen lassen.

2 Die Gewürze entfernen, Gelierzucker zum Punsch geben und **10 Sek. | Stufe 5** vermischen. Anschließend etwa **15 Min. | 100 °C | Stufe 3** aufkochen und weitere **3 Min. | 100 °C | Stufe 3** köcheln lassen.

3 In die sterilen Gläser füllen, diese fest verschließen und für 5 Minuten auf den Deckel stellen. So vollständig abkühlen lassen. Anschließend bis zum Verzehr kühl und dunkel lagern.

>**HALTBARKEIT** Ungeöffnet sowie kühl und dunkel gelagert hält sich das Punschgelee etwa 1 Jahr.

Foto: Frauke Antholz

Orangen-Tonka-Eierlikör

00 20
std : min

LOW CARB LOW FAT

PRO PORTION (2 CL): 52 KCAL | 1 G E | 2 G F | 4 G KH
ZUTATEN FÜR 2 FLASCHEN À 500 ML

- **200 g Zucker**
- **1 unbehandelte Orange, 1 Streifen Schale dünn abgeschält, Saft ausgepresst**
- **1 Tonkabohne**
- **250 g Sahne**
- **250 g Doppelkorn**
- **8 Eigelb**

Zucker, Orangenschale sowie Tonkabohne in den geben und **20 Sek. | Stufe 10** pulverisieren. 100 g Orangensaft, Sahne, Doppelkorn sowie Eigelbe zufügen und **9 Min. | 70°C | Stufe 4** vermischen. Den Likör in sterile Flaschen füllen, verschließen und abkühlen lassen. Im Kühlschrank aufbewahren und kalt servieren.

>HALTBARKEIT Im Kühlschrank gelagert hält sich der Eierlikör etwa 3 Monate.

>TIPP Habt ihr Likör schon mal auf einer Kugel Vanilleis – oder noch besser – auf einer heißen Waffel zusammen mit einer Kugel Vanilleeis probiert? Diese an sich einfach umsetzbare Komposition kann schon der perfekte Abschluss für euer Weihnachtsmenü sein. Dafür könnt ihr auch eurem Waffelteig etwas Kakao und Zimt beimengen, um eine dunkle Waffel zu kreieren. Die Aromen harmonieren wunderbar mit denen von Orange und Tonkabohne. Sehr gute Rezeptideen für Waffeln findet ihr auf www.zaubertopf-club.de!

Foto: Jorma Gottwald

Weißer Lebkuchenlikör

00 20
std : min

LOW CARB LOW FAT

PRO PORTION (2 CL): 78 KCAL | 0 G E | 5 G F | 4 G KH

ZZGL. 7 TAGE RUHEZEIT

ZUTATEN FÜR 4 FLASCHEN À 250 ML

- **300 g weiße Schokolade, in Stücken**
- **500 g Sahne**
- **2 EL Lebkuchengewürz**
- **20 g Honig**
- **300 g Whiskey oder Rum**

1 Die Schokolade in den geben und **10 Sek. | Stufe 8** zerkleinern. Mit dem nach unten schieben. Sahne, Lebkuchengewürz sowie Honig zufügen, **6 Min. | 60°C | Stufe 2** schmelzen. Abkühlen lassen.

2 Den Alkohol mit in den geben und **20 Sek. | Stufe 10** gut vermischen. Mithilfe eines Trichters in sterile Flaschen füllen und im Kühlschrank 1 Woche ziehen lassen. Danach den Likör im Kühlschrank lagern.

>**HALTBARKEIT** Kühl und verschlossen aufbewahrt hält sich der Likör 2 Wochen.

>**TIPP** In den TM5® und TM6 passt auch problemlos die doppelte Menge des Rezepts. Am besten also gleich mehr vom Likör herstellen und noch weitere liebe Menschen überraschen!

Foto: Ira Leoni

EINMACHEN

Hier klären wir alle Fragen rund um den passenden Gelierzucker, die idealen Marmeladengläser und die Gelierprobe für perfekte Ergebnisse

GELIERZUCKER – WELCHER IST DER RICHTIGE?

Gelierzucker 1 : 1 (1000 g Frucht auf 1000 g Zucker): Die Konfitüre ist dadurch lange haltbar und eher süßlich.

Gelierzucker 2 : 1 (1000 g Frucht auf 500 g Zucker): Dies ist die beliebteste Mischung, da hier für die meisten das Säure/Süße-Verhältnis stimmt. Gelierzucker 3 : 1 (1500 g Frucht auf 500 g Zucker): Dieser Aufstrich schmeckt schön fruchtig. Alle 3 Sorten eignen sich ausgezeichnet zum Einkochen. Euer Geschmack entscheidet, welchen ihr wählen wollt.

DAS PERFEKTE GLAS

Bei der Wahl des Glases kommt es darauf, an was ihr einmachen wollt. Bei festeren Massen wie Chutneys wählt am besten Gläser mit großen Öffnungen. Dies erleichtert das Befüllen und Leeren. Lieber viele kleine als wenige große Gläser. Denn sobald ein Glas geöffnet ist, hält die Köstlichkeit nur noch kurze Zeit. Kleine Gläser sind einfach schneller leer gegessen!

GELIERPROBE – SO GEHT'S

Eure Frucht-Zucker-Mischung nach Rezeptanweisung im Thermomix® kochen lassen, eine kleine Probe entnehmen und 1–2 Minuten abkühlen lassen. Ist die Probe ausreichend fest, kann die Konfitüre abgefüllt werden. Falls nicht, weiterkochen lassen und die Probe wiederholen, bis die gewünschte Festigkeit erreicht ist.

DIREKT INS GLAS

Heiße Konfitüre in Gläser zu füllen funktioniert mit dem Thermomix® kinderleicht. Ihr könnt die heiße Masse direkt über den speziell geformten Ausguss des Mixtopfs gießen, ohne zu kleckern. Diese nun fest verschließen, mit Datum und Inhalt beschriften, abkühlen lassen, fertig!

GLÄSER STERILISIEREN

Konfitüren und Gelees bleiben nur dann länger haltbar, wenn ihr die Gläser vorab sterilisiert. Dazu 500 g Wasser in den Mixtopf füllen, den Varoma® aufsetzen und die Gläser mit der Öffnung nach unten hineinstellen, die Deckel „kopfüber" danebenlegen. Den Varoma® verschließen und alles **25 Min. | Varoma® | Stufe 1** erhitzen. Vorsicht: Beim Öffnen steigt sofort heißer Dampf auf und die Gläser sind sehr heiß! Jetzt sind sie bereit, befüllt zu werden.

UMDREHEN ODER NICHT?

Indem ihr die Gläser verschließt und umdreht, bleibt die Hitze länger im Bereich des Deckels, der besonders anfällig für Bakterien ist, und verhindert so einen Befall. Wichtig ist das Umdrehen vor allem bei Konfitüren, die ihr ohne Zucker bzw. mit Zucker ohne Konservierungsstoffe zubereitet habt. Sind diese enthalten, ist das Drehen unnötig.

Fotos: Archiv(3) | Illustrationen: shutterstock.com/Jemastock (1); Gettyimages/iStock/Getty Images Plus/miu miu (1)

WOCHEN-KALENDER 2021

JETZT BESTELLEN!

MEHR ABWECHSLUNG

Probiere vielseitige All-in-one-Rezepte aus, entdecke neue Lieblingsgerichte und werde zum Mix-Profi in deiner Küche.

NUR 16,90 €

limitierte Auflage!

BALD IST WEIHNACHTEN

Ein Kalender ist ein begehrtes Geschenk, das ein ganzes Jahr lang Freude bereitet!

DIE HIGHLIGHTS:

- ✓ **Jede Woche ein neues Rezept** für dich und deinen Thermomix®
- ✓ Große, farbintensive Motive für dein Zuhause
- ✓ Notiere all deine wichtigen Termine, Geburtstage und Pläne
- ✓ Hochwertige glänzende Blattqualität
- ✓ Mit Spiralbindung zum Umblättern und praktischer Öse zum Aufhängen

JETZT BESTELLEN: **WWW.SHOP.ZAUBERTOPF.DE**

PLÄTZCHEN

DIE BESTEN PLÄTZCHEN

Für den bunten Teller

HERRLICH KNUSPRIG

Zimtschnecken-Kekse

LOW CARB LOW FAT

00 20 std : min

PRO STÜCK: 55 KCAL | 1 G E | 3 G F | 5 G KH

ZZGL. MIND. 1 STD. 30 MIN. KÜHLZEIT

ZUTATEN FÜR 100 STÜCK

- **500 g Weizenvollkornmehl**
- **1 TL Backpulver**
- **1 Prise Salz**
- **350 g weiche Butter, in Stücken**
- **180 g brauner Zucker**
- **3 Eier**
- **4 TL Zimtpulver**
- **½ TL Kardamompulver**
- **50 g Hagelzucker**

1 Mehl, Backpulver, Salz, 250 g Butter, 100 g brauner Zucker sowie 2 Eier in den Mixtopf geben und **30 Sek. | Stufe 6** vermischen. Den Teig mit den Händen zu einer Kugel formen, in Frischhaltefolie wickeln, etwas flach drücken und 30 Min. in den Kühlschrank stellen.

2 Inzwischen die Füllung herstellen. Dafür die übrige Butter mit Zimt, Kardamom sowie dem restlichen braunen Zucker in den Mixtopf geben und **20 Sek. | Stufe 3** vermischen.

3 Teig aus dem Kühlschrank nehmen und zwischen 2 Lagen Frischhaltefolie oder Backpapier zu einem 2–3 mm dünnen Rechteck ausrollen. Die Füllung gleichmäßig auf der Teigplatte verteilen. Den Teig von der langen Seite her vorsichtig aufrollen. Die Rolle halbieren und beide Hälften in Frischhaltefolie gewickelt 1 weitere Std. in den Kühlschrank legen.

4 Den Backofen auf 180 °C Ober-/Unterhitze vorheizen. Mehrere Bleche mit Backpapier auslegen. Das übrige Ei verquirlen. Die Teigrollen einzeln aus dem Kühlschrank nehmen und zügig mit einem scharfen Messer in jeweils 0,5 cm dicke Scheiben schneiden.

5 Die Teigscheiben mit etwas Abstand zueinander auf die Backbleche setzen. Kekse mit dem verquirlten Ei bepinseln und den Hagelzucker darüberstreuen. Die Plätzchen nacheinander im Backofen auf der mittleren Schiene etwa 12 Min. backen. Die Kekse herausnehmen und vollständig auf Kuchengittern abkühlen lassen.

>HALTBARKEIT: Luftdicht verschlossen halten sich die Kekse ungefähr 1 Woche.

>TIPP Ersetzt einen Teil des Weizenvollkornmehls zum Beispiel durch Dinkel- oder Roggenvollkornmehl. So kommt Abwechslung in die Keksdose!

Foto: Frauke Antholz

Kinderkekse mit Schokodrops und Streuseln

01 | 00
std : min

LOW CARB · LOW FAT

PRO STÜCK: 58 KCAL | 1 G E | 2 G F | 8 G KH
ZZGL. MIND. 3 STD. KÜHLZEIT
ZUTATEN FÜR 50 STÜCK

- **100 g Zucker**
- **125 g kalte Butter, in Stücken**
- **1 Prise Salz**
- **190 g Mehl Type 405 zzgl. etwas mehr zum Bearbeiten**
- **30 g Stärke**
- **1 TL Weinstein-Backpulver**
- **20 g kaltes Wasser**
- **70 g backfeste Schokodrops**
- **2 TL selbst gemachter Vanillezucker**
- **80 g Zuckerperlen in verschiedenen Farben**
- **1 EL Milch**

1 | Zucker in den geben, **10 Sek. | Stufe 10** pulverisieren und mit dem nach unten schieben. Butter, Salz, Mehl, Stärke, Backpulver sowie Wasser zufügen und **15 Sek. | Stufe 5** verkneten.

2 | Schokodrops und Vanillezucker zugeben, **4 Sek. | | Stufe 3** verrühren. Den Teig aus dem nehmen und auf einer bemehlten Arbeitsfläche zu 2 Rollen (je 25 cm lang) formen. Die Teigrollen in Frischhaltefolie wickeln und mind. 3 Std. kalt stellen. Am Ende dieser Zeit den Backofen auf 190 °C Ober-/Unterhitze vorheizen, 2 Bleche mit Backpapier belegen und Zuckerperlen farbig sortiert auf flache Teller schütten.

3 | Die Teigrollen aus der Frischhaltefolie wickeln, dünn mit Milch bestreichen und in den Zuckerperlen wälzen. Rollen mit einem scharfen Messer in Scheiben (1 cm) schneiden und auf die vorbereiteten Backbleche setzen. Kekse auf der mittleren Schiene des Backofens 12–13 Min. backen. Die Kekse herausnehmen und abkühlen lassen.

>**HALTBARKEIT:** Luftdicht verschlossen halten sich die Kekse 3–4 Wochen.

>**TIPP** Für Kindergeburtstage könnt ihr Vanille- oder Schokoladeneis in 1 cm dicke Scheiben in Keksgröße schneiden und sie zwischen zwei Keksen als Eiscreme-Sandwich servieren.

RICHTIG WICKELN

Achtet darauf, den Teig fest zu umwickeln und ihn wirklich komplett abzudecken, sonst trocknet er sehr schnell aus.

Foto: Oliver Hauser (1), Archiv (1)

Knusprige Lebkuchenkekse

01 00
std : min

LOW CARB LOW FAT

PRO STÜCK: 66 KCAL | 1 G E | 3 G F | 8 G KH

ZZGL. 2 TAGE RUHEZEIT

ZUTATEN FÜR 50 STÜCK

- 65 g Mandelkerne
- 30 g Zitronat und Orangeat
- 220 g Zuckerrübensirup
- 120 g Butter, in Stücken
- ½ TL Kardamompulver
- ½ TL Zimtpulver
- ½ TL Nelkenpulver
- 20 g Rosenwasser
- 2 TL Pottasche
- ½ Pck. Backpulver
- 275 g Dinkelmehl Type 630
- 60 g Mandelblättchen

1 | Mandelkerne, Zitronat sowie Orangeat in den Mixtopf geben, **15 Sek. | Stufe 8** fein zerkleinern und umfüllen. Zuckerrübensirup und Butter im Mixtopf **8 Min. | 70 °C | Stufe 2** erwärmen. Die restlichen Zutaten, bis auf die Mandelblättchen, zufügen und **3 Min. |** Knetstufe vermengen. Den Teig umfüllen und 2 Tage bei Zimmertemperatur ruhen lassen.

2 | Den Backofen auf 190 °C Umluft vorheizen. Den Teig erneut gut durchkneten und auf Backpapier etwa 2 mm dünn ausrollen. Mandelblättchen darauf verteilen und festdrücken. Teig in Rechtecke schneiden und für 10–15 Min. im vorgeheizten Ofen backen.

>HALTBARKEIT: Luftdicht verschlossen halten sich die Kekse 4–5 Wochen.

>TIPP Der Teig erscheint zunächst etwas flüssig. Nach dem Ruhen hat er jedoch die perfekte Konsistenz zum Ausrollen.

SCHOKO-SCHOCK

Um die Kekse noch raffinierter zu gestalten, schmelzt 100 g Zartbitterkuvertüre im Mixtopf (siehe Seite 126) und taucht die Kekse zur Hälfte darin ein.

Foto: Désirée Peikert (1), Archiv (1)

Lebkuchen

Glühweinspitzbuben

01 10 std : min

LOW CARB LOW FAT

PRO STÜCK: 90 KCAL | 1 G E | 5 G F | 0 G KH

ZZGL. 2 STD. KÜHLZEIT

ZUTATEN FÜR 50 STÜCK

- **100 g Mandelkerne**
- **1 Vanilleschote**
- **300 g Mehl Type 405 zzgl. etwas mehr zum Bearbeiten**
- **1 Prise Salz**
- **150 g Zucker**
- **200 g kalte Butter, in Stücken**
- **1 Ei**
- **230 g Rote-Johannisbeer-Konfitüre**
- **Saft und Abrieb von ½ unbehandelten Zitrone**
- **1 Zimtstange**
- **2 Gewürznelken**
- **2 Sternanise**
- **4 EL Rotwein**

1 | Mandeln in den Mixtopf einwiegen und **10 Sek. | Stufe 10** mahlen. Die Vanilleschote der Länge nach halbieren und das Mark herauskratzen. Vanillemark, Mehl, Salz, Zucker, Butter sowie das Ei hinzufügen und **20 Sek. | Stufe 5** mithilfe des Spatels zu einem glatten Teig verkneten. Den Mixtopf über Kopf halten, das Messer hin- und herbewegen, damit sich der Teig löst. Diesen in Frischhaltefolie gewickelt 2 Std. kühl stellen. Den Mixtopf spülen.

2 | Die Konfitüre mit der Vanilleschote, Zitronensaft sowie -abrieb, Zimt, Nelken, Sternanisen sowie dem Rotwein **5 Min. | 90 °C | Linkslauf | Stufe 2** aufkochen. Abkühlen lassen und durch ein Sieb streichen.

3 | Ofen auf 180 °C Ober-/Unterhitze vorheizen. Teig auf einer bemehlten Arbeitsfläche nochmals durchkneten und 0,3–0,4 cm dünn ausrollen. Nach Belieben Formen ausstechen. Hälfte der Kekse mittig ausstechen. Plätzchen auf mit Backpapier belegte Bleche setzen, nacheinander im Ofen 12–14 Min. backen. Herausnehmen und abkühlen lassen.

4 | Die Plätzchen mit Loch mit Puderzucker bestäuben. Das Gelee durchrühren und in einen Spritzbeutel mit kleiner Tülle füllen. Gelee auf die Plätzchen ohne Loch spritzen und mit den Plätzchen mit Loch bedecken, diese leicht andrücken. Trocknen lassen und in Dosen zwischen Backpapier aufbewahren.

>**HALTBARKEIT** Die Kekse bleiben 6–8 Wochen frisch.

VERPACKUNG UND GESCHENK

Unsere Silikonbeutel könnt ihr als Aufbewahrung oder als wertvolle Geschenkverpackung für eure Kekse verwenden. Wiederverwendbar, in 3 Größen erhältlich. Ab ca. 14 Euro, www.shop.zaubertopf.de

Foto: Frauke Antholz

Mokka-Nuss-Taler

00 40
std : min

LOW CARB LOW FAT

PRO STÜCK: 39 KCAL | 1 G E | 1 G F | 5 G KH
ZZGL. 3 STD. KÜHLZEIT
ZUTATEN FÜR 65 PLÄTZCHEN

* **125 g weiche Butter, in Stücken**
* **1 Ei**
* **190 g Mehl Type 405**
* **100 g Zucker**
* **1 EL selbst gemachter Vanillezucker**
* **15 g feines Instant-Kaffeepulver**
* **60 g Stärke**
* **1 TL Backpulver**
* **1 Prise Salz**
* **50 g gehackte Zartbitterschokolade**
* **130 g gehackte ungeschälte Haselnusskerne**

1 | Butter und Ei im Mixtopf **1 Min. | Stufe 3** cremig schlagen. Alle restlichen Zutaten dazugeben und **3 Min. |** Teigstufe verkneten. Den Teig zu 3 cm dicken Rollen formen und in Folie gewickelt 3 Std. kühlen.

2 | Den Ofen auf 200 °C Ober-/Unterhitze vorheizen. Teig aus dem Kühlschrank nehmen und in 0,5 cm breite Scheiben schneiden. Mit etwas Abstand zueinander auf mit Backpapier belegte Bleche setzen, nacheinander im vorgeheizten Ofen etwa 10 Min. backen. Herausnehmen, abkühlen lassen, zwischen Lagen Backpapier in Dosen lagern.

>**HALTBARKEIT:** Luftdicht verschlossen halten sich die Kekse 3–4 Wochen.

NÜSSE HACKEN

Ihr könnt eure Haselnüsse mit dem Thermomix® natürlich ganz einfach selbst zerkleinern – **3 Sek. | Stufe 6** ist perfekt für grobe Stücke!

Foto: Frauke Antholz (1), Archiv (1)

TITELREZEPT
Für Dich

Vanilletupfen mit Marzipan

00 40
std : min

LOW CARB LOW FAT

PRO STÜCK: 38 KCAL | 1 G E | 1 G F | 7 G KH
ZUTATEN FÜR 50 STÜCK

- **200 g Mehl Type 405**
- **100 g Marzipanrohmasse, in Stücken**
- **120 g Zucker**
- **2 Eier**
- **1 EL Mohn**
- **2 TL Abrieb einer unbehandelten Orange**
- **Mark von 1 Vanilleschote**

1 | Den Backofen auf 180 °C Ober-/Unterhitze vorheizen. Alle Zutaten in den Mixtopf geben und **30 Sek. | Stufe 4** zu einem Teig vermengen. Den Teig in einen Spritzbeutel mit großer Sterntülle füllen. Damit etwa 3 cm große Teigtupfen mit Abstand zueinander auf mit Backpapier belegte Bleche spritzen.

2 | Die Bleche nacheinander 8–12 Min. im Ofen backen, dann herausnehmen und komplett auskühlen lassen. Die Tupfen zwischen Lagen Backpapier in Dosen aufbewahren.

>**HALTBARKEIT:** Luftdicht verschlossen halten sich die Vanilletupfen 3–4 Wochen.

>**TIPP** Wenn ihr die Plätzchen als Backmischung verschenken wollt, schichtet dafür die zerzupfte Marzipanrohmasse, Mehl, Orangenabrieb, Zucker und Mohn in ein sauberes Einmachglas. Besonders hübsch sieht es aus, wenn ihr zur Dekoration noch eine ganze Vanilleschote außen ans Glas bindet. Der Beschenkte braucht vor dem Anrühren des Teigs nur noch das Mark aus der Vanilleschote lösen und 2 Eier zur Masse hinzufügen. Die Backmischung sollte innerhalb von 2 Wochen aufgebraucht werden.

Foto: Ira Leoni

Pfeffernüsse

00 50 std : min

LOW CARB LOW FAT

PRO STÜCK: 53 KCAL | 0 G E | 2 G F | 8 G KH

ZZGL. 8 STD. KÜHLZEIT

ZUTATEN FÜR 60 PLÄTZCHEN

- **175 g Zucker**
- **75 g Haselnusskerne**
- **75 g Butter, in Stücken**
- **50 g Honig**
- **75 g Zuckerrübensirup**
- **75 g brauner Zucker**
- **1 Prise Salz**
- **½ TL Ingwerpulver**
- **½ TL Kardamompulver**
- **1 Msp. Gewürznelkenpulver**
- **1 Msp. Pimentpulver**
- **1 Prise frisch gemahlener weißer Pfeffer**
- **1 Prise frisch geriebene Muskatnuss**
- **3 TL Zimtpulver**
- **Saft und Abrieb von ½ unbehandelten Orange**
- **200 g Mehl Type 405 zzgl. etwas mehr zum Bearbeiten**
- **2 TL Backpulver**
- **1 Eiweiß**
- **5 Tropfen Zitronensaft**

1 Den Zucker in den Mixtopf geben und **1 Min. | Stufe 10** pulverisieren, umfüllen und beiseitestellen. Die Haselnüsse in den Mixtopf geben, **10 Sek. | Stufe 8** mahlen und ebenfalls umfüllen.

2 Butter, Honig, Zuckerrübensirup, braunen Zucker, Salz, Gewürze, 1 TL Zimt sowie Orangenschale in den Mixtopf geben und **4 Min. | 100°C | Stufe 2** aufkochen. Mehl, gemahlene Haselnüsse sowie Backpulver zufügen und **1 Min. |** Teigstufe verkneten. Etwas abkühlen lassen, in Frischhaltefolie wickeln und für 8 Std. oder über Nacht im Kühlschrank ruhen lassen.

3 Den Teig 1 Std. vor der Weiterverarbeitung aus dem Kühlschrank nehmen, damit er Zimmertemperatur annimmt. Den Backofen auf 180 °C Ober-/Unterhitze vorheizen. 2 Backbleche mit Backpapier auslegen.

4 Den Teig auf einer bemehlten Arbeitsfläche kurz durchkneten und in Portionen zu Rollen (Ø 2 cm) formen. Davon 1 cm breite Scheiben abschneiden und jeweils zwischen den Handflächen zu Kugeln rollen. Mit etwas Abstand auf die vorbereiteten Bleche legen, die Kugeln laufen beim Backen etwas auseinander. Dann nacheinander im heißen Ofen auf der 2. Schiene von unten etwa 12 Min. backen uns abkühlen lassen.

5 In der Zwischenzeit den Puderzucker mit Eiweiß, Zimt sowie Zitronensaft in den Mixtopf geben und **10 Sek. | Stufe 6** vermengen. Pfeffernüsse sofort mit dem Guss bestreichen. Anschließend fest werden lassen.

>HALTBARKEIT: Luftdicht verschlossen halten sich die Kekse 3–4 Wochen.

Foto: Frauke Antholz

SCHOKOLADE, PRALINEN & KONFEKT

Foto: siehe Rezeptseite | Illustration: shutterstock.com/ Eucalyp (1)

VIELFALT AUS SCHOKOLADE

Pralinen, Konfekt, Täfelchen und mehr

SÜSSE SÜNDEN

Nussknacker

01 00
std : min

LOW CARB LOW FAT

PRO STÜCK: 147 KCAL | 2 G E | 8 G F | 16 G KH
ZUTATEN FÜR 30 STÜCK

- **450 g Haselnusskerne**
- **300 g Zucker**
- **100 g Wasser**
- **3 TL Butter**
- **30 g flüssiger Honig**
- **300 g Zartbitterkuvertüre**

1 | Den Ofen auf 160 °C Umluft vorheizen. Haselnüsse im heißen Ofen auf einem mit Backpapier ausgelegten Blech auf mittlerer Schiene etwa 15 Min. rösten, danach auf ein Handtuch geben und damit die Nusshäutchen abreiben. Nüsse zurück auf das Blech geben und im Ofen warm halten.

2 | Zucker mit Wasser in einen großen Topf geben und bei mittlerer Hitze langsam schmelzen. Die Mischung so lange köcheln, bis sie beginnt, sich goldbraun zu verfärben.

3 | Butter und Honig zum Karamell geben und so lange weiter Hitze zuführen, bis die Masse eine homogene Konsistenz hat. Warme Nüsse zufügen und unter Rühren komplett mit Karamell überziehen. Dabei darauf achtgeben, dass das Karamell nicht zu dunkel und damit bitter wird.

4 | Anschließend die Nuss-Karamell-Masse mithilfe von 2 Löffeln in Form von etwa 30 kleinen Talern auf mit Backpapier belegte Bleche setzen.

5 | Die Kuvertüre in den geben, **5 Sek. | Stufe 7** zerkleinern und anschließend **3 Min. | 50 °C | Stufe 1** schmelzen. 2 Bögen Backpapier bereitlegen. Sobald die Kuvertüre flüssig ist, je 1–2 TL davon auf das Backpapier geben und die Nusstaler darauflegen.

6 | Die Nussknacker auskühlen lassen und anschließend zwischen Butterbrotpapier geschichtet am besten in einer Blechdose aufbewahren.

>**HALTBARKEIT** Geschlossen aufbewahrt halten sich die Nussknacker 4–6 Wochen.

>**TIPP** Anstelle von Haselnüssen könnt ihr auch geschälte Mandeln, Cashews oder ungesalzene Erdnüsse verwenden.

Foto: Frauke Antholz

CHRISTMAS
CHRISTMAS
CHRISTMAS

Trüffel mit Spekulatius und Cranberrys

00 30
std : min

LOW CARB LOW FAT

PRO STÜCK: 96 KCAL | 2 G E | 5 G F | 9 G KH

ZZGL. MIND. 2 STD. KÜHLZEIT

ZUTATEN FÜR 25 STÜCK

- 75 g blanchierte Mandelkerne
- 75 g Spekulatius, grob zerkleinert
- 50 g getrocknete Cranberrys
- 200 g weiße Schokolade, in Stücken
- 100 g Sahne
- 25 g Amaretto

1 Die Mandelkerne in den geben, **10 Sek. | Stufe 8** mahlen, umfüllen und beiseitestellen. Die Spekulatius in den geben, **3 Sek. | Stufe 5** zerkleinern und umfüllen. Die Cranberrys in den einwiegen, **4 Sek. | Stufe 6** zerkleinern und ebenfalls umfüllen.

2 Die Schokolade in den geben, **8 Sek. | Stufe 8** hacken und mit dem nach unten schieben. Die Sahne zufügen und **5 Min. | 50 °C | Stufe 1** schmelzen. Amaretto, Spekulatius-Brösel und gehackte Cranberrys zur Schokoladenmasse geben und **10 Sek. | Stufe 3** unterrühren. Umfüllen und 2–3 Std. in den Kühlschrank stellen, bis die Masse fester und formbar wird.

3 Mit einem Teelöffel kleine Portionen abstechen und diese zügig mit den Händen zu Kugeln rollen. In den gemahlenen Mandeln wälzen, sodass sie rundherum bedeckt sind. Bis zum Verzehr im Kühlschrank aufbewahren.

>**HALTBARKEIT** Gut verschlossen halten sich die Pralinen 1–2 Wochen.

>**TIPP** Den Amaretto könnt ihr durch die gleiche Menge Kirschsaft ersetzen.

Foto: Frauke Anholz

Weiße Schokoladen-Kaffee-Muffins

00 35 std : min

LOW CARB LOW FAT

PRO STÜCK: 272 KCAL | 5 G E | 13 G F | 33 G KH
ZUTATEN FÜR 12 STÜCK

- 200 g weiße Schokolade, in Stücken
- 275 g Mehl Type 405
- 3 TL Backpulver
- 1 Prise Salz
- 2 Eier
- 50 g Zucker
- 200 g Milch
- 1 EL Instant-Espressopulver
- 80 g Sonnenblumenöl

1 | Den Backofen auf 175 °C Ober-/Unterhitze vorheizen und ein Muffinblech fetten oder mit Papierbackförmchen auslegen. Die Schokolade in den ◯ geben, **5 Sek. | Stufe 8** zerkleinern und umfüllen.

2 | Mehl, Backpulver sowie Salz in den ◯ einwiegen und mit dem ◯ kurz vermengen. Eier, Zucker, Milch, Espressopulver sowie Öl zugeben und **2 Min. | Stufe 3,5** verrühren.

3 | Die zerkleinerte Schokolade zum Teig geben und **20 Sek. | ◯ | Stufe** 4 unterrühren. Den Teig aus dem ◯ gleichmäßig auf die vorbereiteten Förmchen verteilen.

4 | Das Blech in den vorgeheizten Backofen schieben und 25 Min. backen. Mit Alufolie abdecken, sollten die Muffins drohen zu dunkel zu werden. Die Muffins aus dem Backofen nehmen und kurz abkühlen lassen, dann aus den Mulden heben und auf einem Kuchengitter vollständig auskühlen lassen.

>**HALTBARKEIT** Geschlossen aufbewahrt halten sich die Muffins etwa 1 Woche.

>**TIPP** Für besonders kleine Küchlein könnt ihr für dieses Rezept ein Muffinblech mit 24 Mulden verwenden. Reduziert die Backzeit dann zunächst auf die Hälfte und prüft ab dann mit der Stäbchenprobe, ob das Gebäck bereits gar ist. Die Muffins sehen so zubereitet wie Konfekt aus und passen das ganze Jahr über aufs Kuchenbuffet!

Foto: Nicky & Max

Schokoladen-Mürbeteigtörtchen

00 55
std : min

LOW CARB LOW FAT

PRO STÜCK: 362 KCAL | 5 G E | 22 G F | 35 G KH
ZZGL. 1 STD. RUHEZEIT
ZUTATEN FÜR 12 STÜCK

- **300 g Zucker**
- **500 g Mehl Type 405 zzgl. etwas mehr zum Bearbeiten**
- **250 g weiche Butter, in Stücken**
- **1 Ei**
- **1 Prise Salz**
- **250 g Sahne**
- **250 g Milch**
- **1 Pck. Schokoladenpuddingpulver**
- **2 Eigelb**
- **50 g Zucker**
- **etwas Mehl zum Bearbeiten**
- **etwas Fett für die Form**
- **Puderzucker zum Bestäuben**

1 Zucker im ◯ **15 Sek. | Stufe 10** pulverisieren. Mehl, Butter, Ei und Salz hinzugeben, **30 Sek. | Stufe 5** vermengen. Teig aus dem ◯ nehmen, zu einer Kugel formen, in Frischhaltefolie wickeln und 1 Std. im Kühlschrank ruhen lassen.

2 Den Teig aus dem Kühlschrank nehmen. Den Rühraufsatz einsetzen. Sahne, Milch, Puddingpulver, Eigelbe sowie Zucker in den ◯ geben und **7 Min. | 100 °C | Stufe 4** aufkochen. Etwas abkühlen lassen. Inzwischen den Teig auf der bemehlten Arbeitsfläche dünn ausrollen, 12 Kreise (Ø 11 cm) ausstechen. 12 Mulden eines Muffinblechs einfetten, mit dem Teig auslegen und leicht andrücken.

3 Backofen auf 230 °C Ober-/Unterhitze vorheizen. Schokoladencreme in die Mulden geben. Törtchen auf der untersten Schiene etwa 25 Min. backen. Herausnehmen, etwas abkühlen lassen, mit Puderzucker bestäuben und servieren.

>**HALTBARKEIT** Die Törtchen halten sich etwa 1 Woche.

Foto: Ira Leoni (1), Archiv (1)

Weißer Schokoladentraum

00 40
std : min

LOW CARB LOW FAT

PRO STÜCK (100 G): 676 KCAL | 9 G E | 40 G F | 72 G KH

ZZGL. 3 STD. RUHEZEIT

ZUTATEN FÜR 6 PERSONEN

- **30 g kandierter Ingwer**
- **40 g getrocknete Apfelringe**
- **30 g gehackte Mandelkerne**
- **30 g geschälte Haselnusskerne**
- **1 TL Zimtpulver**
- **600 g weiße Kuvertüre, in Stücken**
- **40 g gesalzene Erdnüsse, halbiert**

1 | Ingwer in den Mixtopf geben, **3 Sek. | Stufe 6** zerkleinern und umfüllen. Mit Apfelringen ebenso verfahren. Ingwer mit den gehackten Mandeln und den Haselnüssen mischen. Apfelringe mit etwas Zimt bestäuben.

2 | 3 Bögen Backpapier bereitlegen. Kuvertüre in den Mixtopf geben, **12 Sek. | Stufe 8** zerkleinern. Mit dem Spatel nach unten schieben und **6 Min. | 50 °C | Stufe 2** schmelzen. Geschmolzene Kuvertüre in 6 gleich große Portionen teilen, jeweils auf einen der Bögen Backpapier geben und gleichmäßig als flaches Oval oder flachen Kreis darauf verstreichen.

3 | Nun eine Schokoladentafel mit der Ingwer-Nuss-Mischung, eine weitere mit der Apfel-Zimt-Mischung und die übrige Schokolade mit den gesalzenen Erdnüssen garnieren. Vollständig trocknen lassen, in beliebig große Stücke brechen und verpacken.

>HALTBARKEIT Luftdicht verschlossen hält sich die Schokolade etwa 6 Monate.

>TIPP Ihr könnt die geschmolzene Kuvertüre auch in eckige Formen gießen, sodass sich die typische Tafelform ergibt. Beachtet dabei, nicht zu viel Masse in eine Form zu geben, damit flache Tafeln entstehen.

SELBST GEHACKT

Sorgt für einen abwechslungsreichen Mix auf der Schoki und zerkleinert vorab im Thermomix® eine Nuss-Mischung **5 Sek. | Stufe 6.**

FIX

Trinkschokoladen-Pulver

00 05 std : min

LOW CARB LOW FAT

PRO PORTION (1 EL) MIT VOLLMILCH (250 G): 295 KCAL | 10 G E | 16 G F | 27 G KH
ZUTATEN FÜR 2 SCHRAUBGLÄSER À 250 ML

- **400 g Vollmilchschokolade, in Stücken**
- **40 g Zucker**

Die Schokolade in den geben und **10 Sek.** | **Stufe 6** zerkleinern. Den Zucker zufügen und **8 Sek.** | **Stufe 6** vermahlen. Anschließend in die sterilen Gläser füllen.

>**HALTBARKEIT** Kühl und trocken gelagert hält sich das Pulver mehrere Monate.

>**TIPP** Um Trinkschokolade herzustellen, einfach 1 EL Pulver mit 250 g Milch in den geben und **10 Min.** | **100 °C** | **Stufe 3** aufkochen.

LECKERE ABWECHSLUNG

Das Pulver könnt ihr z. B. mit Zartbitter- und weißer Schokolade zubereiten – auch mit beiden Sorten auf einmal!

Foto: Anna Gieseler (1), Archiv (1)

Nussnougat-Schoko-Creme

00 15 std : min

LOW CARB LOW FAT

PRO PORTION (1 TL): 48 KCAL | 0 G E | 3 G F | 5 G KH
ZUTATEN FÜR 2 SCHRAUBGLÄSER (À 300 ML)

- **250 g Spekulatius, in Stücken**
- **100 g Nussnougat, in Stücken**
- **100 g Edelbitterschokolade, in Stücken**
- **200 g Sahne**
- **20 g weiche Butter**
- **1 TL Vanillepaste**
- **2–3 Prisen Fleur de Sel**

1 Spekulatius in den Mixtopf geben, **15 Sek. | Stufe 7** zerkleinern und mit dem Spatel nach unten schieben. Nussnougat und Schokolade zufügen und **10 Sek. | Stufe 5** zerkleinern.

2 Anschließend die Sahne mit Butter und Vanillepaste zugeben, alles für **15 Sek. | Stufe 4** verrühren und mit dem Spatel nach unten schieben.

3 Dann **5 Min. | 70 °C | Stufe 2** schmelzen, Fleur de Sel zufügen, mithilfe des Spatels unterheben, in die mit kochendem Wasser ausgespülte Schraubgläser füllen und verschließen. Im Kühlschrank aufbewahren und nach Bedarf servieren.

>**HALTBARKEIT** Geschlossen aufbewahrt hält sich die Creme etwa 4–5 Monate.

>**TIPP** Füllt nicht 2 Schraubgläser à 300 ml, sondern 150-ml-Gläser, dann habt ihr gleich ein paar mehr süße Geschenke zum Verteilen.

FIX

Eisgekühltes Espressokonfekt

00 25
std : min

LOW CARB LOW FAT

PRO STÜCK: 76 KCAL | 1 G E | 5 G F | 7 G KH

ZZGL. 3 STD. KÜHLZEIT

ZUTATEN FÜR 20 STÜCK

- **20 g Espressobohnen**
- **30 g Zucker**
- **200 g Zartbitterschokolade, in Stücken**
- **125 g Sahne**
- **1 TL Instant-Espressopulver**

AUSSERDEM

- **Pralinenschalen oder -formen**

1 Die Espressobohnen im Mixtopf **3 Sek. | Stufe 6** hacken und umfüllen. Den Zucker in den Mixtopf einwiegen und **10 Sek. | Stufe 10** pulverisieren. Die Schokolade zugeben und **10 Sek. | Stufe 8** zerkleinern. Mit dem Spatel nach unten schieben. Sahne sowie das Espressopulver zufügen und **8 Min. | 50 °C | Stufe 1** schmelzen. Dann **10 Sek. | Stufe 6** pürieren.

2 Die Masse in kleine Pralinenschalen oder -formen geben und mit den gehackten Espressobohnen bestreuen. Dann etwa 3 Std. kalt stellen, anschließend servieren oder bis zum Verzehr im Kühschrank aufbewahren.

>**HALTBARKEIT** Im Kühlschrank gelagert ist das Konfekt bis zu 4 Wochen haltbar.

>**TIPP** Anstelle der Pralinenförmchen aus Aluminium könnt ihr Papierförmchen oder alternativ auch Silikonformen verwenden.

Foto: Ira Leoni

„Giotto"-Pralinen

00 15 std : min

LOW CARB LOW FAT

PRO STÜCK: 77 KCAL | 1 G E | 6 G F | 6 G KH

ZZGL. 4 STD. RUHEZEIT

ZUTATEN FÜR 35 STÜCK

- **300 g weiße Kuvertüre, in Stücken, gekühlt**
- **25 g Kokosfett**
- **27 „Giotto"-Kugeln**
- **1 Prise Zimt**

AUSSERDEM

- **Pralinenformen aus Silikon**

1 Die Kuvertüre in den Mixtopf geben und **10 Sek. | Stufe 10** zerkleinern. Kokosfett, „Giotto"-Kugeln sowie Zimt zufügen und alles **15 Sek. | Stufe 6** vermischen.

2 Dann **8 Min. | 50 °C | Stufe 2** erhitzen und anschließend in Pralinenformen füllen. Mit einem Teigschaber oder Ähnlichem die überschüssige Masse abstreifen. Die Formen etwa 4 Std. kalt stellen.

>HALTBARKEIT Die Pralinen halten sich etwa 1–2 Monate.

>TIPP Ihr könnt dank des Thermomix® sogar euer eigenes Zimtpulver selbst mahlen. Dafür 100 g Zimtstangen **30 Sek. | Stufe 10** pulverisieren.

Foto: Kathrin Knoll

Trinkschokolade am Stiel

00 | 10
std : min

LOW CARB LOW FAT

PRO PORTION (MIT 250 ML VOLLMILCH): 382 KCAL | 10 G E | 24 G F | 31 G KH

ZZGL. 6 STD. RUHEZEIT

ZUTATEN FÜR 10 STÜCK

- **40 g Kokosfett**
- **400 g Vollmilchkuvertüre, in Stücken**
- **nach Belieben Streusel oder Mini-Marshmallows zum Garnieren**

AUSSERDEM

- **Eiswürfelform/Pralinenförmchen aus Silikon oder Mini-Muffin-Form**
- **Holzstiele oder kleine Teelöffel**

1 | Kokosfett mit Kuvertüre in den einwiegen und **10 Sek. | Stufe 8** zerkleinern. Mit dem nach unten schieben und dann **5 Min. | 50°C | Stufe 2** schmelzen lassen.

2 | Die geschmolzene Schokoladenmasse in die Förmchen füllen und etwa 1 Std. abkühlen lassen. Holzstiele oder kleine Löffel in die Schokolade stecken, nach Belieben Mini-Marshmallows und Streusel darüber verteilen. Die Schokolade dann weiter erkalten und vollständig fest werden lassen.

>**HALTBARKEIT** Luftdicht verschlossen hält sich die Schokolade etwa 6 Monate.

>**ANWENDUNG** Um die erkaltete Trinkschokolade anschließend als Getränk zu genießen, schmelzt je 1 Schokolade am Stiel in einer Tasse mit heißer Milch (250 ml).

Foto: Tina Bumann

JETZT BESTELLEN

ZAUBERTOPF SHOP

Ihr braucht noch ein paar Geschenke? In unserem Online-Shop findet ihr unser speziell für den Thermomix® empfohlenes Zubehör, Lebensmittel sowie Koch- und Backbücher mit vielen wunderbaren Rezepten

SILIKON-BEUTEL

Silikon, 3 Größen, ab 13,55 Euro

Lebensmittel lagern, portionsweise Speisen einfrieren, Sous-vide garen oder marinieren: In den neuen luftdicht verschließbaren und wiederverwendbaren Beuteln ist all das möglich. Anschließend einfach in den Geschirrspüler geben. Lebensmittelecht und nachhaltig. Verfügbar in den Farben „Raspberry", „Rose Quartz", „Aqua" und „Clear".

THERMOSLIDER® H V2 PLUS

Für TM6 & TM5®, 58,39 Euro

Der neue ThermoSlider® H V2 Plus mit 4 Gummistoppern besteht aus ökologischem Buchenholz. In seinen 3 Vertiefungen auf der Oberseite sind die Füße des Thermomix® perfekt platziert, so kann er nicht verrutschen. Der Slider selbst lässt sich samt Thermomix® auf den Teflongleitern mühelos mit einer Hand auf der Arbeitsfläche bewegen, so wird die empfindliche Waage geschont.

WUNDERSPATEL®

Ab 9,70 Euro

Superhandlich, keine Nahtstellen, extrem biegsam und so schmal, dass er vor allem schwere und feste Teige aus dem Mixtopf hebt. Ideal also für die Weihnachtsbäckerei! Erhältlich in Lila und Grün.

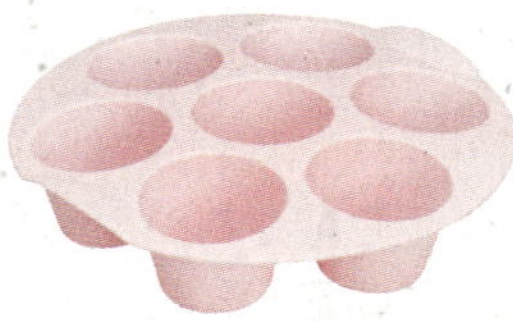

VAROMA® SILIKON-MUFFINFORM

7-Mulden-Backform, 12,53 Euro

Mit ihrer Passform eignet sich die Form für das Dampfgaren im Varoma® – bereitet darin saftige Muffins, pikante Küchlein und Omeletts sowie kleine Eisportionen zu! Lebensmittelechtes Silikon.

JETZT BESTELLEN: **WWW.SHOP.ZAUBERTOPF.DE**

NEUHEIT: JETZT BESTELLEN!

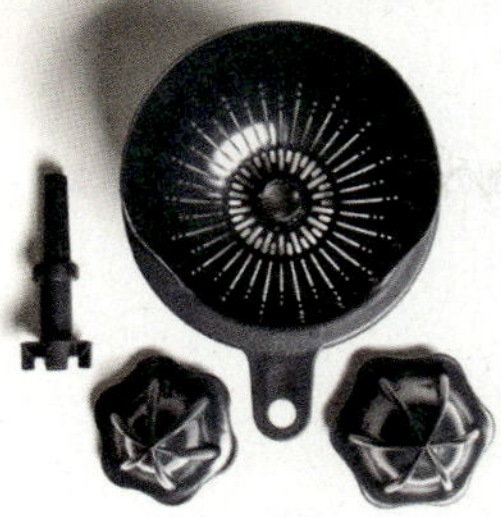

SAFTPRESSE

Für TM6, TM5®/Silikon, 39,95 Euro

Einfach anstelle des Mixtopfdeckels aufsetzen, Zitrusfrüchte von Limette bis Grapefruit daraufdrücken und bis zu 2 Liter Saft in einem Durchgang 70 Prozent schneller als üblich entsaften – mit der Hilfe des Thermomix®!

WUNDERSTEAM®

Für TM6, TM5® & TM31, 12,62 Euro

Wie ein Kamin lässt der WunderSteam® den aufsteigenden Dampf konzentriert nach oben steigen. Der Varoma® kann so mit mehr Zutaten befüllt werden, die gleichmäßig gegart werden.

Fotos: Archiv

WUNDERCAP®

Für TM6, TM5®, TM31, 19,80 Euro

BESTSELLER DES JAHRES 2020

Der WunderCap® ersetzt das Mixmesser im Mixtopf, sodass der Garraum bis zu 20 Prozent mehr Volumen bietet. Perfekt, um Fleisch zart Sous-vide zu garen, große Mengen Salzkartoffeln, Nudeln oder Spaghetti zu kochen, die sich nicht mehr ums Messer wickeln! Den WunderCap® könnt ihr perfekt mit den Silikon-Beuteln (siehe linke Seite) kombinieren, um Gemüse, Fisch oder Fleisch mit Gewürzen luftdicht verschlossen im Mixtopf Sous-vide zu garen!

NEUHEIT: JETZT SICHERN!

VAROMA® AUFLAUFFORM

Für TM6, TM5®, TM31/Silikon, 15,95 Euro

Auf der stabilen Silikon-Auflaufform lassen sich Omelett, Tortilla, Pfannkuchen, Fleisch, Fisch, Geflügel und Gemüse auf dem Einlegeboden garen, ohne dass etwas auf Speisen darunter tropft. Die praktischen Griffe helfen dabei, die gegarten Speisen anschließend einfach herauszuheben.

ENDLICH WIEDER DA!
JETZT IN PRAKTISCHER DOSE

NEU: ZAUBERPRISE IN 5 SORTEN

Dose à 200 g, je 8,99 Euro

Würzen, so einfach wie noch nie: Mit den fünf Bio-Gewürzmischungen „Fleisch“, „Geflügel“, „Gemüse“, „Fisch“ und „Salat“ verleihst du deinen Lieblingsgerichten jeden Tag einen rundum aromatischen Geschmack. 1 Dose ZauberPrise genügt für 100 Portionen. Es werden keine weiteren Gewürze benötigt. Die großen, wiederverschließbaren Dosen bewahren das Aroma und machen das teelöffelweise Entnehmen besonders leicht. Die edlen Designs der Dosen sind stilvolle Hingucker in der Küche. Speziell entwickelt und getestet für das Kochen mit dem Thermomix®.

> TIPP Das 5er-Set als Weihnachtsgeschenk – auch für Hobbyköche ohne Thermomix® geeignet!

WOCHEN-KALENDER 2021

53 All-in-one-Rezepte, 16,90 Euro

Beliebte herzhafte und süße All-in-one-Rezepte mit Schritt-für-Schritt-Anleitungen für jede Woche im neuen Jahr. Auf jedem Kalenderblatt ist reichlich Platz für wichtige Notizen wie Geburtstage, Termine und mehr. Die großen inspirierenden Motive machen Appetit und bringen Farbe in die Küche. Dank der stabilen Öse zum Aufhängen kann der Kalender überall in Szene gesetzt werden.

LIMITIERTE AUFLAGE!

FLEXISPATEL®

Silikon, 28,5 cm, 13,60 Euro

Der breite Spatel mit biegsamem Kopf wurde entwickelt, um flüssige Inhalte wie Suppen, Eintöpfe, Soßen, Smoothies oder Cremes aus dem Mixtopf zu streichen. Auch perfekt zum Verteilen von Glasuren. Erhältlich ebenso mit 34 cm Länge, in Grün und Lila.

JETZT BESTELLEN: **WWW.SHOP.ZAUBERTOPF.DE**

NÜSSE, FRÜCHTE & STOLLEN

Foto: siehe Rezeptseite | Illustration: Gettyimages / i Stock / Getty Images Plus / ThitareeSarmkasat (1)

WÜRZIGE GEBÄCKE

Verfeinert mit Nüssen und Früchten

KERNIG & LECKER

Nussriegel

00 50
std : min

LOW CARB LOW FAT

PRO STÜCK: 215 KCAL | 6 G E | 16 G F | 15 G KH
ZUTATEN FÜR 10 STÜCK

- **30 g Chiasamen**
- **90 g Wasser**
- **8 getrocknete Feigen**
- **20 g Kokosöl**
- **150 g Mandelkerne**
- **50 g Kokosraspel**
- **80 g getrocknete Mangostreifen**
- **50 g Haselnusskerne**

1 | Chiasamen in 80 g Wasser 10 Min. einweichen. Ofen auf 160 °C Umluft vorheizen. Feigen mit Kokosöl in einer Pfanne 5 Min. bei mittlerer Hitze erwärmen, bis sie weich sind.

2 | 100 g Mandeln, Kokosraspel und Mango im **8 Sek. | Stufe 8** hacken. Übrige Mandeln und Haselnüsse zufügen, **3 Sek. | Stufe 5** zerkleinern. Feigen, Chiasamen, 10 g Wasser (ggf. etwas mehr) zugeben, **20 Sek. | Stufe 7** pürieren.

3 | Die Masse auf ein mit Backpapier belegtes Blech geben und glatt streichen. 30 Min. backen und anschließend die Masse leicht abgekühlt in 12 Riegel schneiden.

>**HALTBARKEIT** Luftdicht verpackt halten sich die Riegel 1–2 Wochen.

>**TIPP** Anstelle der Chiasamen könnt ihr natürlich auch regionale Leinsamen in gleicher Menge verwenden. Die getrockneten Früchte könnt ihr durch andere Sorten wie Apfelringe, Pflaumen, Datteln oder Aprikosen ersetzen.

Foto: Anna Gieseler

Klassischer Honigkuchen

01 | 25 std : min

PRO STÜCK: 349 KCAL | 7 G E | 16 G F | 44 G KH
ZUTATEN FÜR 12 STÜCKE

- 150 g Zucker
- 225 g Honig
- 4 Eier
- 200 g Butter zzgl. etwas mehr zum Fetten der Form
- 500 g Mehl Type 405
- 1 Pck. Backpulver
- 1 Prise Salz
- 2 TL Ingwerpulver
- 1 TL Zimtpulver
- ½ TL Nelkenpulver
- 150 g Milch

1 | Den Zucker in den Mixtopf geben und **10 Sek. | Stufe 10** pulverisieren. Den Honig zufügen und **5 Min. | 37 °C | Stufe 2** erwärmen. Eier mit Butter zugeben und **5 Sek. | Stufe 3** vermengen.

2 | Den Backofen auf 175 °C Ober-/Unterhitze vorheizen. Mehl, Milch, Backpulver, Salz sowie die Gewürze in den Mixtopf einwiegen und alles **30 Sek. | Stufe 3** zu einem glatten Teig verrühren.

3 | Eine 30er-Kastenform fetten und den Teig einfüllen. Den Honigkuchen 1 Std.–1 Std. 15 Min. backen. Aus dem Ofen nehmen und abkühlen lassen.

>**HALTBARKEIT** In einer Dose aufbewahrt ist der Honigkuchen etwa 4 Wochen haltbar.

Foto: Ira Leoni

Nuss-Kirsch-Streifen mit Rotwein

00 30 std : min

LOW CARB LOW FAT

PRO STÜCK: 278 KCAL | 3 G E | 14 G F | 34 G KH

ZZGL. 30 MIN. KÜHLZEIT

ZUTATEN FÜR 20 STÜCK

- **100 g Haselnusskerne**
- **125 g Zucker**
- **400 g Mehl Type 405 zzgl. etwas mehr zum Bearbeiten**
- **½ TL Backpulver**
- **½ TL Zimtpulver**
- **1 Prise Salz**
- **250 g kalte Butter, in Stücken**
- **40 g Sahne**
- **500 g Kirschkonfitüre**
- **50 g trockener Rotwein**

1 | Haselnüsse in den einwiegen, **10 Sek. | Stufe 10** mahlen und umfüllen. Zucker in den geben und **10 Sek. | Stufe 10** pulverisieren. Haselnüsse, Mehl, Backpulver, Zimt, Salz, Butter sowie Sahne zufügen und **30 Sek. | Stufe 5** mithilfe des verkneten. Den Teig halbieren und beide Hälften in Frischhaltefolie gewickelt 30 Min. kühlen.

2 | Den Backofen auf 175 °C Ober-/Unterhitze vorheizen. Ein Blech mit Backpapier auslegen. Eine Teighälfte auf dem Backpapier etwa 0,3 cm dick zu einem Rechteck (15 × 30 cm) ausrollen.

3 | Die Konfitüre mit dem Rotwein in den geben und **5 Min. | 60 °C | | Stufe 1** erwärmen. Die Hälfte gleichmäßig auf dem Teig verstreichen, dann beide langen Seiten je auf einer Breite von 3 cm nach innen klappen, sodass in der Mitte ein 3 cm breiter Streifen unbedeckt bleibt.

4 | Etwa 15–20 Min. goldgelb backen, aus dem Ofen nehmen, sofort in etwa 3 cm breite Streifen schneiden und auf einem Kuchengitter auskühlen lassen. Mit dem restlichen Teig und der restlichen Konfitüre ebenso verfahren.

>HALTBARKEIT Luftdicht verschlossen halten sich die Streifen etwa 2 Wochen.

>TIPP Die ausgekühlten Nuss-Kirsch-Streifen nach Belieben gitterförmig mit Zuckerguss verzieren und einige geröstete gehobelte Haselnusskerne darüberstreuen.

>VARIANTE Für alkoholfreie Streifen, den Rotwein durch Kirschsaft ersetzen.

Foto: Ira Leoni

Haselnussblätter

02 30
std : min

LOW CARB LOW FAT

PRO STÜCK: 52 KCAL | 1 G E | 2 G F | 6 G KH
ZZGL. 12 STD. RUHEZEIT
ZUTATEN FÜR 60 STÜCK

- **1 TL Anissamen**
- **200 g Zucker**
- **2 Eier**
- **30 g Rum (alternativ Orangensaft)**
- **250 g Mehl Type 405**
- **1 TL Backpulver**
- **180 g Haselnusskerne**

1 Ofen auf 160 °C Ober-/Unterhitze vorheizen. Eine Kastenform (25 cm) mit Backpapier auslegen. Anis mit 50 g Zucker in den geben, **10 Sek. | Stufe 10** pulverisieren und mit dem nach unten schieben.

2 Den Rühraufsatz einsetzen. Eier, 150 g Zucker sowie Rum oder Orangensaft zufügen und **8 Min. | 37°C | Stufe 2,5** cremig rühren. Den Rühraufsatz entfernen.

3 Mehl, Backpulver sowie Haselnusskerne zugeben und **15 Sek. | | Stufe 3** untermischen. Eventuelle Mehlreste mit dem vollständig unterrühren.

4 Teig in die vorbereitete Kastenform geben und 50–60 Min. goldgelb backen (Stäbchenprobe machen). Den Kuchen 10 Min. in der Form abkühlen lassen, dann stürzen und auf einem Kuchengitter vollständig abkühlen lassen. Den Kuchen über Nacht in ein feuchtes Küchentuch wickeln.

5 Am nächsten Tag den Backofen auf 200 °C Ober-/Unterhitze vorheizen. Zwei Backbleche mit Backpapier belegen und einen weiteren Backpapierzuschnitt bereitlegen.

6 Kuchen mit einem scharfen Sägemesser in 3–4 mm dünne Scheiben schneiden. Scheiben auf die vorbereiteten Bleche legen und nacheinander auf der mittleren Schiene 7–8 Min. backen, sie sollen nur leicht goldgelb werden. Plätzchen mit dem Backpapier vom Blech ziehen, Backpapierzuschnitt mit den übrigen Scheiben auf das frei gewordenen Backblech ziehen. Ebenfalls 7–8 Min. backen und auf dem Blech abkühlen lassen. Die Haselnuss-Blätter servieren oder in einer luftdichten Dose aufbewahren.

>**HALTBARKEIT** Die Haselnussblätter halten sich in einer luftdicht verschließbaren Dose 3–4 Wochen.

>**TIPP** Die Blätter sind eine Köstlichkeit. Schon ein paar davon in einem Schraubglas oder in einem Zellophanbeutel sehen toll aus. Hängt noch ein Zweiglein daran und ein Schild mit dem Namen des Gebäcks und jemand wird sich sehr über die Leckerei freuen.

Anis-Tupfen mit Pistazien

00 20
std : min

LOW CARB LOW FAT

PRO STÜCK: 23 KCAL | 1 G E | 0 G F | 4 G KH

ZZGL. 12 STD. RUHEZEIT

ZUTATEN FÜR 80 STÜCK

- **150 g Zucker**
- **1 EL Anissamen**
- **30 g Pistazienkerne**
- **3 Eier, getrennt**
- **1 Prise Salz**
- **225 g Mehl Type 405 zzgl. etwas mehr zum Bearbeiten**
- **etwas Butter zum Fetten**

1 Zucker in den geben, **15 Sek.** | **Stufe 10** pulverisieren und umfüllen, etwas zum Bestäuben beiseite stellen. Anissamen mit Pistazien in den geben, **5 Sek.** | **Stufe 7** zerkleinern und ebenso umfüllen. Den spülen. Den Rühraufsatz einsetzen. Eiweiße mit Salz in den fettfreien, trockenen geben, **3 Min.** | **Stufe 3,5** steif schlagen, umfüllen.

2 Den Rühraufsatz eingesetzt lassen, Eigelbe mit Puderzucker in den geben und **5 Min.** | **37°C** | **Stufe 4** mixen. Dann weitere **5 Min.** | **Stufe 4** schlagen. Mehl, Eischnee sowie Anis-Pistazien-Mischung neben den Rühraufsatz einfüllen und **10 Sek.** | **Stufe 3** unterheben.

3 2 Backbleche einfetten und mit Mehl bestäuben. Die Teigmasse nun mithilfe von 2 Teelöffeln als Tupfen auf die Bleche setzen. Über Nacht an einem trockenen, kühlen Ort ruhen lassen.

4 Den Backofen auf 150 °C Ober-/Unterhitze vorheizen und die Kekse 12–15 Min. backen. Die Anis-Tupfen sollten noch hellbeige sein. Nach Belieben mit Puderzucker bestreuen.

>**HALTBARKEIT** Gut verschlossen halten sich die Tupfen 3–4 Wochen.

>**TIPP** Kleine Kekse können sehr gut in Schraub- und Einmachgläser gefüllt und verschenkt werden. Die Behälter noch mit einem kleinen Etikett versehen – fertig ist das hübsche Mitbringsel!

Leckeres
aus der Weihnachtsbäckerei

Knuspertarte mit Punschgelee

01 | 00 std : min

LOW CARB LOW FAT

PRO STÜCK: 313 KCAL | 3 G E | 11 G F | 51 G KH

ZZGL. 1 STD. KÜHLZEIT

ZUTATEN FÜR 10 STÜCKE

- **250 g Mehl Type 405 zzgl. etwas mehr zum Bearbeiten**
- **100 g weiche Butter, in Stücken, zzgl. etwas mehr zum Fetten der Form**
- **15 g Wasser**
- **50 g Zucker**
- **1 Prise Salz**
- **1 Eigelb**
- **getrocknete Hülsenfrüchte zum Blindbacken**
- **400 g Punschgelee (siehe Seite 23)**

1 | Mehl, Butter, Wasser, Zucker, Salz sowie Eigelb in den Mixtopf geben und **1 Min.** | Teigstufe verkneten. Den Teig in Frischhaltefolie gewickelt etwa 1 Std. kühl stellen.

2 | Den Backofen auf 180 °C Ober-/Unterhitze vorheizen. Eine Tarteform (Ø 24 cm) an Rand und Boden fetten. Etwa ein Drittel vom Teig abnehmen und beiseitelegen. Den übrigen Teig auf der leicht bemehlten Arbeitsfläche dünn zu einem Kreis ausrollen, der etwas größer ist als die Form.

3 | Die Form mit dem Teigkreis auslegen, überstehenden Teig abschneiden und zum beiseitegelegten Teig geben. Boden mehrmals mit einer Gabel einstechen, mit Backpapier belegen und mit Hülsenfrüchten beschweren. 10 Min. im vorgeheitzen Ofen blindbacken. Papier und Hülsenfrüchte entfernen, Boden weitere 5 Min. backen.

4 | Restlichen Teig auf der bemehlten Arbeitsfläche dünn ausrollen und mit einem Teigrad in etwa 1 cm breite Streifen schneiden. Punschgelee glatt rühren. Tarteboden aus dem Ofen nehmen und gleichmäßig mit Gelee bestreichen. Teigstreifen gitterartig auf die Füllung legen, an den Rändern festdrücken. Kuchen im heißen Ofen 20–25 Min. backen. Herausnehmen, auskühlen lassen und servieren.

>HALTBARKEIT Die Tarte hält sich 3–4 Tage.

>TIPP Alternativ zum Punschgelee könnt ihr auch jedes andere rote Fruchtgelee nach eurem Geschmack verwenden.

GITTER LEGEN

Am einfachsten ist es, das Gitter auf der leicht bemelten Arbeitsplatte bereits fertig zu „weben" und es anschließend vorsichtig auf die Füllung zu heben.

Fotos: Frauke Antholz (1), Archiv (1)

Zaubernüsse

00 30
std : min

PRO PORTION (30 G): 182 KCAL | 5 G E | 16 G F | 7 G KH
ZUTATEN FÜR 4 PERSONEN

- **30 g Honig**
- **30 g Butter**
- **1–2 TL Bio-Gewürzmischung „ZauberPrise“ nach Belieben (z. B. „Fleisch“ oder „Gemüse“)**
- **300 g gemischte Nusskerne (Mandelkerne, Cashewkerne, Haselnusskerne, Walnusskerne)**

1 | Den Backofen auf 160 °C Ober-/Unterhitze vorheizen. Ein Blech mit Backpapier auslegen. Honig mit Butter in den geben und **2 Min. | 80 °C | Stufe 2** schmelzen lassen. „ZauberPrise“ mit den Nüssen zufügen und alles **15 Sek. | | Stufe 2,5** vermengen.

2 | Die Nüsse auf dem Backblech verteilen und im Backofen für 15–20 Min. backen, nach der Hälfte der Backzeit wenden. Anschließend abkühlen lassen und trocken lagern.

>HALTBARKEIT Verschlossen gelagert sind die Nüsse mehrere Monate haltbar.

>TIPP Wenn ihr keine ZauberPrise auf Vorrat habt, verwendet 1–2 EL Kräutersalz nach Belieben oder Meersalz, Currypulver und Chiliflocken. So ändert ihr den Geschmack jedes mal je nach Mischung!

Foto: Katharina Küllmer

Handmade with Love

Stollen-Brocken

00 20 std : min

LOW CARB LOW FAT

PRO STÜCK: 66 KCAL | 1 G E | 5 G F | 6 G KH
ZZGL. 45 MIN. RUHEZEIT
ZUTATEN FÜR 100 STÜCK

- **200 g Mandelkerne**
- **200 g Milch, lauwarm**
- **1 Würfel Hefe**
- **40 g Zucker**
- **500 g Mehl Type 405**
- **¼ TL Tonkabohnenabrieb**
- **200 g Trockenfrüchte-Mischung**
- **Abrieb von 1 unbehandelten Zitrone**
- **350 g weiche Butter, in Stücken**
- **etwas Puderzucker zum Bestäuben**

1 | 100 g Mandeln in den geben und **4 Sek.** | **Stufe 6** grob zerkleinern, umfüllen. Übrige Mandeln in den geben und **10 Sek.** | **Stufe 7** mahlen, ebenfalls umfüllen.

2 | Milch, Hefe sowie Zucker in den geben und **3 Min.** | **37 °C** | **Stufe 2** erwärmen. Mehl mit Tonkabohnenabrieb zufügen und **2 Min.** | verkneten. Den Teig im abgedeckt etwa 15 Min. ruhen lassen.

3 | In der Zwischenzeit die getrockneten Früchte mit einem Messer fein hacken, den Zitronenabrieb zu den Früchten geben und mischen. 200 g Butter, Früchte und Mandeln zum Teig geben, alles noch mal **2 Min.** | verkneten. Den Teig umfüllen und an einem warmen Ort etwa 30 Min. gehen lassen. Den spülen.

4 | In der Zwischenzeit die restliche Butter in den geben und **3 Min.** | **60 °C** | **Stufe 2** schmelzen. Den Backofen auf 180 °C Ober-/Unterhitze vorheizen.

5 | Den Teig kurz durchkneten und zu einem etwa 2–3 cm dicken rechteckigen Fladen formen. Den Teig in Würfel von etwa 2 × 2 cm Größe schneiden, diese auf ein mit Backpapier ausgelegtes Blech setzen und etwa 15 Min. goldgelb backen. Die Stollen-Brocken direkt nach dem Backen mit der flüssigen Butter bestreichen und mit Puderzucker bestäuben.

>HALTBARKEIT Luftdicht verschlossen halten sich die Brocken 1–2 Wochen.

>TIPP Macht die Stollen-Brocken zum Geschenk-Highlight dank toller Verpackung. Dafür in bunte Papiertüten kleine Sichtfenster mit einem Stanzer lochen und einen Zellophanbeutel hineinstecken. In diesen das Gebäck einfüllen. Beide Tüten umschlagen und mit einem Clip verschließen.

Foto: Frauke Antholz

Korinthenbrot mit Zimt

01 10
std : min

LOW CARB LOW FAT

PRO STÜCK: 243 KCAL | 4 G E | 10 G F | 35 G KH
ZUTATEN FÜR 1 KASTENFORM (20–25 CM)

- **350 g Mehl Type 405**
- **1 Prise Salz**
- **1 Pck. Backpulver**
- **1 TL gemahlener Zimt**
- **150 g weiche Butter, in Stücken, zzgl. ggf. etwas mehr zum Fetten der Form**
- **125 g brauner Zucker**
- **175 g Korinthen**
- **Abrieb von 1 unbehandelten Orange**
- **75 g Orangensaft**
- **85 g Milch**
- **2 Eier**

1 Den Backofen auf 180 °C Ober-/Unterhitze vorheizen. Mehl, Salz, Backpulver, Zimt sowie Butter in den Mixtopf geben und **20 Sek. | Stufe 5** vermengen. Die übrigen Zutaten zufügen und alles **3 Min. |** Teigknetstufe verkneten.

2 Den Teig in eine gefettete oder mit Backpapier ausgelegte Kastenform (20–25 cm) füllen und eine kleine Mulde in die Mitte drücken, damit das Brot gleichmäßig aufgehen kann.

3 Den Laib im heißen Ofen etwa 1 Std. backen. Mit Folie abdecken, sollte das Brot zu dunkel werden. Die Stäbchenprobe machen. Bleibt das Stäbchen teigfrei, ist das Brot fertig.

4 Das Brot aus dem Ofen nehmen und kurz abkühlen lassen. Anschließend vorsichtig aus der Form stürzen und auf einem Rost vollständig auskühlen lassen.

>**HALTBARKEIT** Luftdicht verschlossen hält sich das Brot etwa 2 Wochen.

>**TIPP** Zum Korinthenbrot schmeckt am besten Butter oder ein Fruchtgelee.

Foto: Ira Leoni

Mini-Stollen im Glas

00 45
std : min

LOW CARB LOW FAT

PRO GLAS: 417 KCAL | 7 G E | 22 G F | 46 G KH
ZZGL. 9 STD. RUHEZEIT
ZUTATEN FÜR 18 SCHRAUBGLÄSER À 100 ML

- ★ 180 g Mandelkerne
- ★ 300 g Rosinen
- ★ 40 g Orangeat
- ★ 40 g Zitronat
- ★ 75 g Rum
- ★ Abrieb und Saft von 1 unbehandelten Zitrone
- ★ 120 g Zucker
- ★ 125 g Milch
- ★ 40 g frische Hefe
- ★ 500 g Mehl Type 405 zzgl. etwas mehr zum Bearbeiten
- ★ 1 Prise Salz
- ★ 2 TL Stollengewürz
- ★ 350 g weiche Butter, in Stücken, zzgl. etwas mehr zum Fetten der Gläser

1 | 150 g Mandelkerne in den Mixtopf geben und **5 Sek. | Stufe 6** hacken. Rosinen, Orangeat, Zitronat, Rum, Zitronenschale sowie Zitronensaft zufügen und **10 Sek. | ↺ | Stufe 3** vermengen. Umfüllen und über Nacht zugedeckt bei Zimmertemperatur ziehen lassen. Den Mixtopf spülen.

2 | 45 g Zucker in den Mixtopf geben, **5 Sek. | Stufe 10** pulverisieren, umfüllen und beiseitestellen. Restlichen Zucker, Milch sowie Hefe in den Mixtopf einwiegen und **2 Min. | 37°C | Stufe 2** erwärmen. Mehl, Salz, Stollengewürz, 250 g Butter sowie die Rosinenmischung zufügen, **3 Min. | Teigstufe** verkneten. Den Teig zugedeckt 1 Std. an einem warmen Ort gehen lassen. Den Mixtopf spülen und trocknen.

3 | Übrige Mandeln in den Mixtopf geben und **5 Sek. | Stufe 10** mahlen. Den Backofen auf 200 °C Ober-/Unterhitze vorheizen. 18 Gläser mit etwas Butter fetten und mit den gemahlenen Mandeln ausstäuben. Den Teig auf einer leicht bemehlten Arbeitsfläche nochmals durchkneten, dann auf die vorbereiteten Gläser verteilen und leicht andrücken. Die Gläser sollten höchstens zu zwei Dritteln gefüllt sein. Ohne Deckel etwa 20 Min. backen. Den Mixtopf ausspülen.

4 | Die restliche Butter in den Mixtopf geben und **3 Min. | 60°C | Stufe 2** schmelzen. Die Mini-Stollen aus dem Ofen nehmen und reichlich mit der zerlassenen Butter bestreichen. Mit dem Puderzucker bestreuen und sofort mit den Deckeln verschließen. Vollständig abkühlen lassen.

>**HALTBARKEIT** Ungeöffnet, kühl und dunkel gelagert halten die Stollenim Glas mindestens 4 Wochen.

>**TIPP** Die kleinen Gläschen könnt ihr auch mit zum Winterpicknick nehmen, dann braucht ihr nur noch Gabeln einzupacken und das Schlemmen kann losgehen!

Foto: Anna Gieseler

LESESPASS MIT GESCHENK

BESTELLNUMMER: MZ17ONE

NUR 42,90 € FÜR 8 HEFTE IM JAHR

Verpasse keines der angesagten Themen für dich und deinen Thermomix®! Im Jahresabo von **mein ZauberTopf** kannst du Geld sparen und jede neue Ausgabe kommt portofrei direkt zu dir in den Briefkasten. Als Dankeschön kannst du dir ein wertvolles Geschenk deiner Wahl aussuchen!

FÜR NUR 6 € ZUZAHLUNG IM JAHR ALLES AUCH DIGITAL LESEN!

WOW! WAS FÜR EINE TOLLE IDEE!

mein ZauberTopf ist bekannt für Ideen mit dem gewissen Etwas. Du findest garantiert mehr als eine Überraschung, die dich **begeistert**!

SAISONALE MIX-REZEPTE

Darum geht's: Wir kochen **immer saisonal**, dadurch unschlagbar preisbewusst, **raffiniert einfach** und vor allem lecker!

EINZIGARTIGES KNOW-HOW

In jeder Ausgabe widmen wir uns besonderen **Funktionen** und genialen Möglichkeiten, die der **Thermomix® bietet**.

3ER-SET „ZAUBERPRISE", BIO-GEWÜRZMISCHUNGEN

Die perfekte Würze für Salat, Geflügel- und Fischgerichte: entwickelt und empfohlen für den Thermomix®.

Ohne Zuzahlung, ~~14,67~~ Euro | Prämien-ID: F1406

BASIS-KOCHBUCH

Das große Basis-Kochbuch ist die „Bibel" für alle Nutzer des Thermomix®. Es hält mit seinen 260 Seiten auf jede Koch- und Backfrage eine Antwort parat!

Ohne Zuzahlung, ~~29,90~~ Euro | Prämien-ID: F1403

ZUBEHÖR-PAKET „S"

Das Set enthält die vollständige Grundausstattung zum Reinigen deines Mixtopfs: 1 Silikonspatel, 3 flexible Messerbürsten und 1 Universalbürste für den Mixtopf.

Ohne Zuzahlung, ~~14,95~~ Euro | Prämien-ID: F1214

EIN GESCHENK NACH WAHL GIBT'S GRATIS DAZU!

JETZT JAHRESABO ABSCHLIESSEN UND TOLLE PRÄMIE SICHERN!

BESTELLNUMMER: MZ17ONE

Einzelhefte und unterschiedliche Abo-Angebote:
WWW.SHOP.ZAUBERTOPF.DE

BESTELLUNG

PER POST
Abo-Service falkemedia
mein ZauberTopf
Postfach 810640 · 70523 Stuttgart

ONLINE
www.zaubertopf.de/
praemienabo

PER TELEFON
Ruf einfach an unter:
+49 711 72 52 293

Fotos: Archiv

ZAUBERHAFTE ÜBERRASCHUNGEN

Lebkuchen-Geschenkanhänger
Baiserkringel
Lebkuchengewürz
Weihnachtspunsch
Weißer Nougat

BEZAUBERNDE ÜBERRASCHUNG

Gewürze, köstliche Knabbereien und mehr

SÜSS UND DEKORATIV

Lebkuchen-Geschenkanhänger

01 | 10
std : min

LOW CARB LOW FAT

PRO STÜCK: 85 KCAL | 2 G E | 3 G F | 13 G KH K

ZZGL. MIND. 3 STD. RUHEZEIT

ZUTATEN FÜR 60 STÜCK

- **250 g Mandelkerne**
- **200 g Honig**
- **350 g Zucker**
- **75 g Butter**
- **250 g Mehl Type 405 zzgl. etwas mehr zum Bearbeiten**
- **3 TL Lebkuchengewürz**
- **1 TL Pottasche**
- **1 Eiweiß**
- **1 Prise Salz**
- **1 EL Zitronensaft**
- **Dekoband**

1 | Die Mandeln in den geben und **10 Sek.** | **Stufe 7** mahlen. Gemahlene Mandeln umfüllen und beiseitestellen. Honig, 100 g Zucker sowie Butter in den geben und **5 Min.** | **65°C** | **Stufe 2** erhitzen. Die Mischung umfüllen und abkühlen lassen. Den spülen.

2 | Mehl, gemahlene Mandeln, Lebkuchengewürz und Pottasche in den geben und **10 Sek.** | **Stufe 4** vermischen. Die abgekühlte Honigmischung zufügen und **3 Min.** | zu einem glatten Teig verkneten. Den Teig zu einer Kugel formen und in etwas Frischhaltefolie wickeln. Bei Zimmertemperatur etwa 3 Std. ruhen lassen. Den spülen.

3 | Den Backofen auf 180°C Ober-/Unterhitze vorheizen. Teig auf einer leicht bemehlten Arbeitsfläche etwa 0,5 cm dünn ausrollen. Mit unterschiedlichen Ausstechern nach Belieben Formen und Figuren ausstechen und auf mit Backpapier belegte Bleche geben. Am oberen Ende der Anhänger mit einem Holzstäbchen o. Ä. kleine Löcher durchstechen, um später einen Bindfaden durchfädeln zu können.

4 | Die Lebkuchen im heißen Ofen blechweise 8–10 Min. hellbraun backen. Herausnehmen und vollständig auf einem Rost abkühlen lassen.

5 | Restlichen Zucker in den geben, **20 Sek.** | **Stufe 10** pulverisieren und umfüllen. Den spülen und trocknen. Rühraufsatz einsetzen. Eiweiß mit Salz in den geben und **4 Min.** | **Stufe 3,5** steif schlagen. Puderzucker nach und nach zufügen, **2 Min.** | **Stufe 3,5** weiterschlagen. Zitronensaft hinzugeben und **30 Sek.** | **Stufe 3,5** unterrühren.

6 | Die Masse in einen Spritzbeutel mit feiner Lochtülle geben und die abgekühlten Lebkuchen nach Belieben damit verzieren. Vollständig trocknen lassen.

>**HALTBARKEIT** Richtig gelagert halten sich die Kekse 3–4 Wochen.

>**TIPP** Ihr könnt sie an den Weihnachtsbaum oder an eure Geschenke knüpfen. Große Lebkuchen könnt ihr wie die Herzen vom Jahrmarkt beschriften und jemandem so eine süße Botschaft zukommen lassen!

Foto: Frauke Antholz

Baiserkringel

01 00
std : min

LOW CARB LOW FAT

PRO STÜCK: 38 KCAL | 1 G E | 0 G F | 9 G KH
ZUTATEN FÜR 35 STÜCK

- 5 Eiweiß
- 250 g Puderzucker
- Saft von ½ Zitrone
- 3–4 EL Rhabarbersirup, Himbeersirup oder Rote-Bete-Saft
- bunte Zuckerperlen zum Garnieren

1 | Den Backofen auf 120 °C Ober-/Unterhitze vorheizen. Den Rühraufsatz in den Mixtopf einsetzen. Die Eiweiße in den Mixtopf geben und **4 Min. | Stufe 3,5** steif schlagen. Dann nach und nach den Puderzucker einrieseln lassen, dabei auf **Stufe 3,5** weiterschlagen, bis der Eischnee weiß glänzt. Zitronensaft sowie Sirup bzw. Saft nach Wahl zufügen und **30 Sek. | Stufe 3,5** unterrühren.

2 | Eischnee in einen Spritzbeutel mit Sterntülle geben und Kringel auf mit Backpapier belegte Bleche spritzen. Nach Belieben mit bunten Zuckerperlen garnieren. Blechweise im heißen Backofen 15–18 Min. backen. Herausnehmen und auf einem Rost vollständig abkühlen lassen. Luftdicht in Dosen verpacken oder mit einem Band Schlaufen darum binden, dann an den Weihnachtsbaum oder an ein Adventsgesteck hängen.

>**HALTBARKEIT** Trocken und kühl gelagert sind die Baiserkringel mehrere Wochen haltbar.

>**TIPP** Wenn ihr mögt, könnt ihr noch 1–2 EL fein gemahlene Mandeln unter die Baisermasse heben. Die verleihen den Baiserkringeln eine knusprige Note. Die Kringel können als essbare Baum- oder Geschenkanhänger verwendet werden.

EISCHNEE

Dank Thermomix® ganz einfach! Der Eischnee ist fertig, wenn er im Mixtopf hängen bleibt und nicht rutscht, wenn ihr den Mixtopf über Kopf haltet.

Foto: Anna Gieseler (1), Archiv (1)

Lebkuchengewürz

00 05
std : min

PRO PORTION (1 TL): 4 KCAL | 0 G E | 0 G F | 1 G KH
ZUTATEN FÜR 1 GLAS À 300 ML

- 140 g Zimtstangen
- 22 Nelken
- 4 TL Orangenschale
- 5 g frisch geriebene Muskatnuss
- 24 Pimentkörner
- 10 g Koriandersaat
- 20 g Kardamomsaat
- 5 Sternanise
- 5 g Muskatblüte

Alle Zutaten in den geben und **30 Sek. | Stufe 10** pulverisieren. Falls ihr das Gewürz feiner mögt, mit dem nach unten schieben und den Vorgang wiederholen. In ein Schraubglas füllen.

>**HALTBARKEIT** Verschlossen gelagert ist das Gewürz mehrere Monate haltbar.

>**TIPP** Das Lebkuchengewürz könnt ihr sehr vielseitig einsetzen. Nutzt es beispielsweise, um mit 1–2 TL einen Waffel- oder Rührteig zu würzen, gebt es auf den Milchschaum von Kaffeespezialitäten oder Schlagsahne auf dem heißen Kakao. Ihr könnt den Zucker aber auch anstelle von Zimt-Zucker auf Pfannkuchen oder Milchreis streuen. Alternativ könnt ihr ihn auf Desserts und Torten sieben, beispielsweise mit einer Schablone, sodass ein Muster aus Schneeflocken oder Sternen entsteht! Alles bekommt so eine herrlich festliche Note.

Foto: Kathrin Knoll

FIX

Weihnachtspunsch

00 50 std : min

LOW CARB LOW FAT

PRO GLAS: 224 KCAL | 3 G E | 4 G F | 21 G KH
ZUTATEN FÜR 8 GLÄSER À 200 ML

- **1000 g trockener Rotwein**
- **400 g roter Traubensaft**
- **60 g brauner Zucker**
- **1 Vanilleschote**
- **Abrieb und Saft von 1 unbehandelten Orange**
- **Abrieb und Saft von 1 unbehandelten Zitrone**
- **etwa 5 cm Ingwer, in Scheiben**
- **4 Kardamomkapseln**
- **4 Pimentkörner**
- **2 Zimtstangen**
- **5 Sternanise**
- **5 Gewürznelken**
- **60 g Mandelkerne**
- **50 g Rosinen**

1 | Rotwein, Traubensaft, Zucker sowie Orangen- und Zitronensaft in den geben. Den Garkorb einhängen. Die Vanilleschote längs halbieren und das Mark herauslösen. Vanilleschote sowie -mark, Orangen- und Zitronenabrieb, Ingwerscheiben, Kardamom, Piment, Zimtstangen, Sternanise und Gewürznelken hineinlegen. Den Punsch **40 Min. | 70°C | Stufe 2** ziehen lassen.

2 | Den Garkorb mit den Gewürzen entfernen. Die Rosinen und Mandeln auf 8 Gläser verteilen und mit dem Punsch auffüllen. Am besten sofort genießen.

>**HALTBARKEIT** Verschlossen gelagert hält sich der Punsch 1–2 Wochen.

>**TIPP** Ein hausgemachter Punsch ist ein besonderes Geschenk. Dafür das Getränk am besten in zwei große Flaschen oder Gefäße mit Bügelverschluss füllen. Die Mandeln und Rosinen in eine Zellophantüte oder auch in ein Schraubglas geben. Das „Punsch-Set" erhält der Beschenkte zusammen mit einer kurzen Anleitung, die ihr an die Flasche bindet. Unser Textvorschlag: „Punsch erwärmen, Rosinen und Mandeln auf Gläser verteilen und den Punsch heiß darüber gießen. Frohe Weihnachten!"

VANILLEMARK AUSLÖSEN

Um möglichst viel des wertvollen Marks aus der Schote zu lösen, diese längs aufschneiden und das Mark mit dem Messerrücken mit etwas Druck herausstreifen.

Foto: Frauke Antholz (1), Archiv (1)

Weißer Nougat mit Pistazien und Cranberrys

01 00
std : min

LOW CARB LOW FAT

PRO PORTION (30 G): 109 KCAL | 2 G E | 3 G F | 18 G KH

ZZGL. 1 STD. KÜHLZEIT

ZUTATEN FÜR 650 G

- **50 g weiße Schokolade**
- **1 Eiweiß**
- **400 g fester Honig**
- **einige Backoblaten**
- **50 g Mandelkerne**
- **60 g Pistazienkerne**
- **60 g Cranberrys**

1 Schokolade im Mixtopf **6 Sek. | Stufe 7** zerkleinern und umfüllen. Eiweiß im Mixtopf **30 Sek. | Stufe 3** schlagen. Den Rühraufsatz einsetzen, Honig zugeben und **50 Min. | 100 °C | Stufe 2** ohne Messbecher erhitzen.

2 Inzwischen die Mandeln in einer Pfanne ohne Fettzugabe anrösten. Nach den 50 Min. die zerkleinerte Schokolade in den Mixtopf geben und für weitere **5 Min. | 100 °C | Stufe 2** erhitzen. Eine kleine Silikonform mit Oblaten auslegen.

3 Die Mandeln mit den Pistazien sowie den Cranberrys in die noch heiße Masse geben und mit dem Spatel gut unterheben. Die Masse in eine Silikonform oder mit Backpapier ausgelegte Kastenform (20 cm Länge) füllen und für 1 Std. im Kühlschrank abkühlen lassen. Danach den Nougat aus der Form stürzen und mit einem Brotmesser in Scheiben oder Riegel schneiden.

4 Nougat zwischen mehreren Lagen Backpapier aufbewahren, damit die einzelnen Stückchen getrennt voneinander liegen und nicht zusammenkleben.

>**HALTBARKEIT** Den Nougat innerhalb von 2 Wochen aufbrauchen.

>**TIPP** Ihr könnt die Nougatmasse auch in eine mit Backpapier und Oblaten ausgelegte Auflaufform geben, darauf wieder Oblaten legen und festdrücken. So lässt sich der Nougat gut essen, ohne an den Händen zu kleben.

Foto: Anna Gieseler

ZAUBERTOPF-CLUB

Mehr Vielfalt!

5000 REZEPTE VON MEIN ZAUBERTOPF FÜR DICH UND DEINEN THERMOMIX® SORGEN FÜR NOCH MEHR ABWECHSLUNG, MIX-SPASS UND GENUSS

LOW CARB

SCHNELLE REZEPTE

ALL IN ONE

KIDS

BROTE & KUCHEN

PASTAGERICHTE

DAS BIETET DIR DER ONLINE-CLUB FÜR THERMOMIX® NUTZER

✓ **ÜBER 5000 REZEPTE**
für den Thermomix® – und wöchentlich werden es mehr

✓ **VIELE GENIALE BACKREZEPTE**
für jeden Hobbybäcker, der Kuchen und Kekse liebt

✓ **PRAKTISCHER KOCHMODUS**
für die schnelle Umsetzung deiner Rezepte

✓ **SCHNELL UND EINFACH**
bequeme Suche nach Rezept, Kategorie oder Zutaten

✓ **RIESIGE VIELFALT**
etliche Kollektionen mit unseren besten Rezepten

✓ **GANZ BEQUEM**
im Monats-Abo jederzeit zum Folgemonat kündbar

✓ **BLICK IN UNSERE KÜCHE**
tolle Videos mit Anleitungen, Tipps und Rezepten rund um Thermomix®

✓ **KOSTENLOS**
alle Magazine und Bücher von **mein ZauberTopf** gratis als Digitalausgabe lesen (jährlich über 100 € Ersparnis gegenüber dem Kauf)

Fotos: Archiv (6)

Werde jetzt Mitglied im **mein ZauberTopf**-Club und erhalte rund um die Uhr Zugriff auf über 5000 Rezepte. Einfach anmelden, 31 Tage kostenlos testen und anschließend im Jahresabo für nur 3 Euro im Monat alle Vorzüge genießen!

JETZT ANMELDEN: WWW.ZAUBERTOPF-CLUB.DE

mein ZauberTopf Club

PESTO & MEHR

Foto: siehe Rezeptseite | Illustration: Gettyimages / iStock / Getty Images Plus / KsushaArt (1)

PESTO UND MEHR

Pikante Ideen für Salat-, Pasta- und Brotzeit-Liebhaber

HERRLICH WÜRZIG

Tomaten-Walnuss-Pesto mit Kardamom

00 10
std : min

LOW CARB
LOW FAT

PRO PORTION (30 G): 144 KCAL | 3 G E | 14 G F | 2 G KH
ZUTATEN FÜR 2 SCHRAUBGLÄSER À 200 ML

- **80 g Parmesan, in Stücken**
- **40 g Walnusskerne**
- **150 g getrocknete Tomaten in Öl, abgetropft (Öl bitte auffangen)**
- **Blättchen von 6 Stielen Koriander**
- **etwas natives Olivenöl extra zum Auffüllen**
- **1 Msp. gemahlener Kardamom**
- **1 TL Salz**
- **3 Prisen frisch gemahlener schwarzer Pfeffer**

1 | Parmesan in den geben, **10 Sek. | Stufe 10** zerkleinern und umfüllen. Walnusskerne in den geben und **3 Sek. | Stufe 5** zerkleinern. Ebenfalls umfüllen. Getrocknete Tomaten mit Koriander in den geben und **10 Sek. | Stufe 10** zerkleinern. Mit dem nach unten schieben.

2 | Parmesan, Walnüsse, 140 g Öl (aufgefangenes Tomatenöl mit zusätzlichem Olivenöl auf 140 g aufgefüllt), Kardamom, Salz sowie Pfeffer zugeben und **25 Sek. | Stufe 4** mischen. In sterile Gläser füllen und verschließen.

>**HALTBARKEIT** Das Pesto ist im Kühlschrank gelagert bis zu 14 Tage haltbar.

>**TIPP** Perfekt zu heißen Spaghetti oder als Würze eines schnellen Nudelsalats, für den ihr nichts weiter braucht als 1 Packung gekochte Farfalle oder Penne, geröstete Pinienkerne und 1 Glas Pesto. Alles vermischen, mit etwas Pfeffer abschmecken und lauwarm servieren!

Foto: Kathrin Knoll

FIX

Pilz-Pesto

00 40 std : min

LOW CARB LOW FAT

PRO PORTION (30 G) G: 139 KCAL | 3 G E | 13 G F | 1 G KH
ZUTATEN FÜR 1 GLAS À 250 ML

- ★ **10 g getrocknete Steinpilze**
- ★ **grobes Meersalz**
- ★ **30 g Parmesan, in Stücken**
- ★ **30 g Walnusskerne**
- ★ **400 g weiße Champignons, halbiert**
- ★ **2 Zwiebeln, geviertelt**
- ★ **1 Knoblauchzehe**
- ★ **Blättchen von 6 Stielen Petersilie**
- ★ **100 g natives Olivenöl extra**
- ★ **1 TL getrockneter Majoran**
- ★ **3 Prisen frisch gemahlener schwarzer Pfeffer**
- ★ **1 TL Zitronensaft**

1 | Den Backofen auf 200 °C Ober-/Unterhitze vorheizen. Steinpilze mit Salz in den geben, **15 Sek. | Stufe 10** pulverisieren und umfüllen.

2 | Den Parmesan in den geben, **10 Sek. | Stufe 10** zerkleinern und umfüllen. Walnusskerne in den geben, **7 Sek. | Stufe 5** zerkleinern und umfüllen. 200 g Champignons in den geben, **5 Sek. | Stufe 4** zerkleinern und auf ein Backblech geben.

3 | Den Vorgang mit den übrigen Champignons wiederholen. Champignons gleichmäßig auf dem Backblech verteilen. Im heißen Ofen auf der mittleren Schiene 20 Min. trocknen.

4 | In der Zwischenzeit Zwiebeln, Knoblauch sowie Petersilie in den geben und **6 Sek. | Stufe 5** zerkleinern. Mit dem nach unten schieben. 20 g Olivenöl mit dem Majoran zufügen und **3 Min. | 100 °C | Stufe 1** dünsten. Dann im geöffneten lauwarm abkühlen lassen.

5 | Steinpilzpulver, Parmesan, Walnüsse, 50 g Olivenöl, Pfeffer sowie Zitronensaft zur Zwiebelmischung geben und **5 Sek. | Stufe 5** zerkleinern.

6 | Die Champignons aus dem Ofen nehmen, lauwarm abkühlen lassen. Dann in den zufügen und **10 Sek. | | Stufe 2** untermischen. Anschließend vollständig abkühlen lassen und in ein Schraubglas füllen. Mit 30 g Olivenöl bedecken. Das Glas gut verschließen und kühl lagern.

>HALTBARKEIT Das Pesto ist im Kühlschrank gelagert bis zu 14 Tage haltbar.

>TIPP Das Pesto schmeckt zu Pasta, aber vor allem auch zu Fleisch und Wild ganz hervorragend. Ihr könnt es auch zu geröstetem Ciabatta servieren.

Foto: Jorma Gottwald

„Frankfurter grüne Soße“-Pesto

00 30
std : min

PRO PORTION (30 G): 189 KCAL | 5 G E | 18 G F | 2 G KH
ZUTATEN FÜR 2 GLÄSER À 125 ML

- 75 g Mandelkerne
- 1 Knoblauchzehe
- 60 g Parmesan, in Stücken
- 2 Prisen Salz
- 2 Prisen frisch gemahlener schwarzer Pfeffer
- Blättchen von 2 Bund gemischten Kräutern für Frankfurter grüne Soße (Petersilie, Schnittlauch, Sauerampfer, Borretsch, Kresse, Kerbel, Pimpinelle)
- 80 g natives Olivenöl extra zzgl. etwas mehr zum Auffüllen
- 3 EL Zitronensaft

1 | Die Mandeln im **3 Sek. | Stufe 7** grob hacken und in einer Pfanne ohne Zugabe von Fett goldbraun rösten. Herausnehmen und etwas abkühlen lassen.

2 | Knoblauch in den geben und **3 Sek. | Stufe 8** zerkleinern. Parmesan, Mandeln, Salz sowie Pfeffer zufügen und **15 Sek. | Stufe 8** zerkleinern. Die Kräuter zugeben und weitere **6 Sek. | Stufe 8** zerkleinern. Alles mit dem nach unten schieben.

3 | Olivenöl sowie Zitronensaft zufügen und **20 Sek. | Stufe 6** pürieren. In zwei sterile Schraubgläser füllen und die Oberfläche vollständig mit Olivenöl bedecken.

>HALTBARKEIT Nach Pesto-Entnahme stets wieder mit Öl auffüllen, dann bleibt das Pesto im Kühlschrank etwa 6 Wochen haltbar.

>TIPP Dieses Pesto ist klassisch zu Nudeln verwendbar, aber auch als Brotaufstrich geeignet, vor allem in Kombination mit Käse. Stellt es beispielsweise auf die Käseplatte und serviert Knäckebrot zum Dippen dazu!

Foto: Anna Gieseler

FIX
KRÄUTER
DRESSING – FIX

Kräuterdressing-Fix

00 05
std : min

LOW CARB LOW FAT

PRO PORTION DRESSING (30 G): 152 KCAL | 2 G E | 14 G F | 3 G KH
ZUTATEN FÜR 1 GLAS À 200 ML

- **50 g grobes Meersalz**
- **1 TL schwarze Pfefferkörner**
- **10 g Senfkörner**
- **20 g getrocknete Gartenkräuter**
- **1 EL Dill, getrocknet**

Salz, Pfeffer sowie Senfkörner in den geben und **20 Sek. | Stufe 10** mahlen. Die getrockneten Kräuter zufügen. Alles **10 Sek. | Stufe 4** vermischen und in ein steriles Glas umfüllen.

>**HALTBARKEIT** Das Dressing ist kühl gelagert 3–4 Wochen haltbar.

>**VERWENDUNG** Um das Dressing anzurühren, 1 EL der Mischung mit 3 EL Öl, 2 EL Wasser sowie 1 TL hellem Balsamicoessig verrühren und zum Salat servieren.

>**TIPP** Das Kräuterdressing-Fix könnt ihr auch wie Kräutersalz über Tomaten- und Gurkenscheiben, auf Butterbrot oder über Rührei streuen!

Foto: Anna Gieseler

Antipasti-Gemüse im Glas

00 30
std : min

LOW CARB LOW FAT

PRO PORTION: 275 KCAL | 4 G E | 21 G F | 10 G KH
ZUTATEN FÜR 4 PERSONEN

- 1 große rote Paprikaschote, halbiert
- 2 Auberginen
- 2 Zwiebeln, halbiert
- 2 Knoblauchzehen
- Nadeln von 1 Zweig Rosmarin
- 6 getrocknete Tomaten in Öl, abgetropft
- 75 g natives Olivenöl extra
- 50 g grüne und schwarze Oliven, entsteint
- 100 g Kirschtomaten, halbiert
- ½ TL Salz
- ¼ TL frisch gemahlener schwarzer Pfeffer

1 | Den Backofengrill vorheizen, Paprika mit der Hautseite nach oben auf einem Backblech 8–12 Min. grillen, bis die Haut schwarze Blasen wirft. Herausnehmen, mit einem feuchten Küchenhandtuch abdecken. Den Backofen auf 200 °C Umluft stellen. Auberginen mehrfach rundum mit einer Gabel einstechen, in eine Auflaufform legen und mittig im Ofen etwa 20 Min. garen. Etwas abkühlen lassen.

2 | Zwiebeln, Knoblauch, Rosmarin sowie getrocknete Tomaten in den Mixtopf geben und **6 Sek. | Stufe 8** zerkleinern. Das Gemüse häuten, grob zerteilen und in den Mixtopf geben. **4 Sek. | Stufe 4** mithilfe des Spatels zerkleinern.

3 | Die restlichen Zutaten zufügen. Das Gemüse mithilfe des Spatels **5 Sek. | Linkslauf | Stufe 2** vermengen und in ein steriles Schraubglas füllen. Dieses fest verschließen.

>**HALTBARKEIT** Luftdicht verschlossen ist das Gemüse bis zu 1 Woche lang haltbar.

>**VERWENDUNG** Das Antipasti-Gemüse könnt ihr wie auf dem Foto gezeigt als Brotbelag verwenden. Es schmeckt aber auch zu Steak, Reis oder kleinen Pellkartoffeln.

Foto: shutterstock.com/Gorbenko Olena

Apfelrotkohl

01 30
std : min

LOW CARB LOW FAT

PRO PORTION (200 G): 184 KCAL | 3 G E | 7 G F | 24 G KH
ZUTATEN FÜR 3 GLÄSER À 500 ML

- 50 g Grümmel-Kandis
- 2 Lorbeerblätter, in groben Stücken
- 6 Wacholderbeeren
- 5 Pimentkörner
- 2 Gewürznelken
- 12 schwarze Pfefferkörner
- 2 TL Salz
- 350 g Äpfel, geschält, geviertelt
- 950 g Rotkohl, in Stücken
- 4 rote Zwiebeln, halbiert
- 40 g Rapsöl
- 1 geh. TL Gemüse-Gewürzpaste
- 500 g heißes Wasser
- 50 g Rotweinessig

1 Kandis, Lorbeer, Wacholder, Piment, Nelken, Pfeffer sowie Salz in den geben, **10 Sek.** | **Stufe 8** zerkleinern und umfüllen. Äpfel in den geben, **4 Sek.** | **Stufe 5** zerkleinern und umfüllen.

2 300 g Rotkohl in den geben, **5 Sek.** | **Stufe 4,5** zerkleinern und umfüllen. Erneut 300 g Rotkohl in den geben, **5 Sek.** | **Stufe 4,5** zerkleinern und umfüllen. Restlichen Rotkohl in den geben, **5 Sek.** | **Stufe 4,5** zerkleinern und ebenfalls umfüllen.

3 Zwiebeln in den geben, **5 Sek.** | **Stufe 5** zerkleinern und mit dem nach unten schieben. Öl und zerkleinerten Rotkohl zufügen und mithilfe des **3 Min.** | **120°C** **[TM31 bitte Varoma®]** | | **Stufe 2** dünsten.

4 Gewürzmischung, zerkleinerte Äpfel, Gewürzpaste, heißes Wasser sowie Essig zugeben und **15 Min.** | **100°C** | | **Stufe 2** kochen. Dabei gelegentlich mithilfe des alles vermischen. Weitere **45 Min.** | **100°C** | | **Stufe 1** garen.

5 Rotkohl abschmecken, sofort in 3 heiß ausgespülte Schraubgläser umfüllen, fest verschließen und 5 Min. auf die Deckel stellen. Gläser umdrehen und auf einem Gitter abkühlen lassen. Apfelrotkohl nach Bedarf verwenden.

>HALTBARKEIT Der Rotkohl ist im Kühlschrank gelagert bis zu 14 Tage haltbar.

>TIPP Zum Erwärmen den Inhalt aus 1 Glas Apfelrotkohl in den geben, **8 Min.** | **100°C** | **Stufe 0,5** erhitzen, abschmecken und servieren. Passt zu Wild, Knödeln und Kartoffeln. Kalt schmeckt Rotkohl auch auf Burgern oder Hotdogs!

Foto: Jorma Gottwald

SO WIRD'S GEMIXT

Seht auf einen Blick, wie ihr eure Zutaten im Thermomix® verarbeitet und welche Zeit- und Stufeneinstellungen dafür jeweils die richtigen sind

PRODUKT	BASIS-FUNKTION	MENGE	FORM/ HINWEIS	ZEIT + STUFE	Z. B. FÜR
Beeren	Entsaften	1000 g + 700 g Wasser	Garkorb einhängen, Schale in den Garkorb stellen, alle 15 Min. entstandenen Saft umfüllen	**45 Min. | Varoma® | Stufe 2**	Limonaden, Gelees
Butter	Luftig schlagen	200 g	Weich und in Stücken	**2 Min. | Stufe 3**	Luftigen Teig
Butter	Zerlassen	70 g	In Stücken	**1 Min. 30 Sek. | 80 °C | Stufe 1**	Teig, Bestreichen
Eier	Eischnee	4 Eiweiß (+ 200 g Zucker)	Der muss absolut fettfrei sein! Mit eingesetztem Rühraufsatz	**Stufe 3,5** ohne Zeiteinstellung unter Sichtkontakt schlagen (Zucker einrieseln lassen)	Baiser
Eier	Luftig aufschlagen	4 Eier	Roh (ohne Schale)	**1 Min. | Stufe 4**	Biskuitteig
Essig	Aufkochen	300 g Weißwein-essig + 100 g Zucker + 1000 g Wasser + Gewürze	Am besten Weißwein-essig verwenden	**12 Min. | 120 °C [TM31 bitte Varoma®] | Stufe 2**	Sud für ein-gemachtes Gemüse
Früchte	Auftauen	100 g Früchte + 500 g Wasser	Gefroren, in einem Gefrierbeutel im Garkorb, Wasser im	**12 Min. | Varoma® | Stufe 2**	Kuchen, Desserts
Früchte	Entsteinen	max. 1400 g Kirschen + 10 g Zitronensaft	Frisch, nach dem Zerkleinern Mus durch den Garkorb oder ein grobes Sieb streichen	**3 Min. | Stufe 3**	Konfitüre, Kompott
Früchte	Pürieren	200 g Früchte	Gefroren oder frisch, ggf. mit etwas Flüssigkeit	**20 Sek. | Stufe 8**	Smoothies, Fruchtsoßen

PRODUKT	BASIS-FUNKTION	MENGE	FORM/ HINWEIS	ZEIT + STUFE	Z. B. FÜR
Früchte	Zerkleinern	400 g	Frisch, in groben Stücken	**Stufe 4–5** ohne Zeiteinstellung, unter Sichtkontakt	Füllungen
Früchte	Einkochen	600 g	Zerkleinert	**15 Min. | 100 °C | Stufe 2**	Marmelade, Konfitüre, Gelees
Gemüse	Zerkleinern	700 g Gemüse	In Stücken	**20 Sek. | Stufe 8**	Würzpaste, Pesto
Gemüse	Einkochen	1000 g Gemüse + 50 g Öl + Gewürze	Zerkleinert	**10 Min. | 120 °C [TM31 bitte Varoma®] | Stufe 2**, dann **20 Min. | 80 °C | Stufe 1**	Ajvar, Aufstriche
Gemüse	Dämpfen	1000 g Gemüse + 500 g Wasser + 1 TL Salz	In Stücken	**13–30 Min. | Varoma® | Stufe 2**	Eingemachtes und eingelegtes Gemüse, Aufstriche
Getreide	Mahlen	250 g	Ganze Getreidekörner	**40 Sek. | Stufe 10**	Feine Backwaren
Gewürze	Mahlen	mind. 20 g	Körner	**1 Min. | Stufe 10**	Würzen von Speisen und Gebäck
Gewürzsalz	Zerkleinern	30 g getrocknete Kräuter nach Belieben + 500 g Meersalz	Trocken und gut verschlossen lagern	**10 Sek. | Stufe 10**	Salatdressing, Kräuterquark
Kaffee	Mahlen	250 g Kaffeebohnen	Ganze Bohnen	**40 Sek. | Stufe 10**	Kaffeepulver
Kaffee	Kochen	3–4 EL Kaffee + 1000 g aufgekochtes Wasser	Kaffeepulver	**7 Min. | 100 °C | Stufe 1**	Kaffee
Karamellsoße	Einkochen	400 g Milch + 250 g Zucker + 200 g Sahne	Ohne Messbecher kochen	**55 Min. | 100 °C | Stufe 1**	Verzieren von Torten und Eis
Knoblauch	Zerkleinern	Zehen (nach Belieben)	Geschält	**5 Sek. | Stufe 5**	Verfeinern von Speisen
Kokosnuss	Mahlen	200 g	Stücke, Raspel	**15 Sek. | Stufe 10**	Teige
Kräuter	Zerkleinern	1 Bund/20 g	Frisch, entstielt	**3 Sek. | Stufe 8**	Würzen von Speisen

PRODUKT	BASIS-FUNKTION	MENGE	FORM/HINWEIS	ZEIT + STUFE	Z. B. FÜR
Milch	Erwärmen	200 g bzw. 1000 g	Nach Belieben mit Kakaopulver	**4 Min. | 80 °C | Stufe 2** bzw. **8 Min. | 80 °C | Stufe 2**	Heiße Schokolade
Milch	Aufschäumen	200 g H-Milch (1,5 % Fett) + 1–2 Eiswürfel	Der muss absolut fettfrei sein!	Das Eis **10 Sek. | Stufe 10** zerkleinern, die Milch zugeben, **4 Min. | Stufe 3,5** aufschäumen. Dann Schaum **3 Min. | 90 °C | Stufe 2** erwärmen	Latte macchiato, Cappuccino
Nüsse, Kerne	Hacken, grob	200 g	Ganze Nusskerne	**3 Sek. | Stufe 5**	Krokant
Nüsse, Kerne	Hacken, fein	200 g	Ganze Nusskerne	**4 Sek. | Stufe 6**	Teige
Nüsse, Kerne	Mahlen	200 g	Ganze Nusskerne	**12 Sek. | Stufe 7**	Nussbiskuit, Gebäck
Nüsse, Kerne	Zu Mus/Paste verarbeiten	400 g	Ganze Nusskerne	**20 Sek. | Stufe 8**, danach **2 Min. | Stufe 4**	Nussmus, Aufstriche
Nüsse, Kerne	Zu Marzipan verarbeiten	100 g blanchierte Mandelkerne + 80 g Puderzucker + 10 g Rosenwasser	Auf Arbeitsfläche verkneten	Mandeln **10 Sek. | Stufe 10**, dann restliche Zutaten **10 Sek. | Stufe 9**	Torten, Deko
Quark	Cremig rühren	500 g	Nach Wunsch mit 30 g Zucker und 40 g Mineralwasser	**7 Min. |**	Desserts
Sahne	Steif schlagen	Ab 200 g	Mit eingesetztem Rühraufsatz	**Stufe 3,5** ohne Zeiteinstellung unter Sichtkontakt	Tortenfüllung, Deko, Kuchenbeilage
Schokolade	Hacken, grob	200 g	Gefroren, in Stücken	**4 Sek. | Stufe 6**	Backen, Garnieren
Schokolade	Hacken, fein	200 g	Gekühlt, in Stücken	**4–5 Sek. | Stufe 7**	Backen, Garnieren
Schokolade	Pulverisieren	200 g	Gekühlt, in Stücken	**10 Sek. | Stufe 8**	Trinkschokolade
Schokolade	Schmelzen	200 g	Gehackt	**5 Min. | 55 °C | Stufe 2**	Deko
Schokolade	Zu Soße verarbeiten	100 g Zartbitterschokolade + 20–40 g Sahne	Gehackt	**5 Min. | 80 °C | Stufe 2**	Garnieren
Senfkörner	Mahlen	80–200 g	Körner	**20–60 Sek. | Stufe 8–10**	Würzen von Speisen

PRODUKT	BASIS-FUNKTION	MENGE	FORM/ HINWEIS	ZEIT + STUFE	Z. B. FÜR
Senfkörner	Köcheln	200 g + Wasser + Essig + Gewürze	Gemahlen	**5–15 Min. | 100 °C | Stufe 2**	Senf
Sirup	Einkochen	300 g Zucker + 300 g Wasser		**17 Min. | 90 °C | Stufe 1**	Getränkesirup
Trockenfrüchte	Zerkleinern	50 g	Entsteint	**5 Sek. | Stufe 6**	Füllungen, Gebäck
Vanille	Zerkleinern	1 Vanilleschote + 200 g Zucker	Halbiert, über Nacht im Zucker ziehen gelassen	**20 Sek. | Stufe 10**	Gebäck, Vanillezucker
Zucker	Pulverisieren	300 g	Der muss trocken sein	**45 Sek. | Stufe 10**	Zuckerguss
Zwiebel	Zerkleinern	1–6 Zwiebeln	Halbiert	**4–6 Sek. | Stufe 5**	Würzen von Speisen
Zwiebel	Dünsten	Bis zu 3 Zwiebeln + 20 g Öl	Zerkleinert	**3 Min. | 100 °C | Stufe 2**	Soße
Zwiebel	Köcheln	500 g Zwiebel + 130 g Zucker, 200 g Essig, Gewürze	Zerkleinert und gedünstet	**25 Min. | 100 °C | | Stufe 1** ohne Messbecher	Chutney

Impressum

mein ZauberTopf GOLD-EDITION ist eine unabhängige Publikation aus dem Hause falkemedia und steht in keinerlei Verbindung zu den Unternehmen der Vorwerk-Gruppe. Die Marken „Thermomix®", „TM5®", „Varoma®" und die Produktgestaltungen des „Thermomix®" sind eingetragene Marken der Unternehmen der Vorwerk-Gruppe. Für die Rezeptangaben in **mein ZauberTopf GOLD-EDITION** ist ausschließlich falkemedia verantwortlich.

Verlag
falkemedia GmbH & Co. KG, An der Halle 400 #1, 24143 Kiel
Tel. +49 431 200 766-0, Fax +49 431 20 07 66 50
E-Mail: info@zaubertopf.de, www.zaubertopf.de

Herausgeber
Kassian Alexander Goukassian (v. i. S. d. P.)

Mitglied der Geschäftsleitung & Ltg. Marketing
Wolfgang Pohl

Chefredakteurin/Teamleitung
Vivien Koitka

Redaktion (redaktion@zaubertopf.de)
Hannah Hold, Svenja Rudolf; Praktikantin:
Maren Kanitz; stud. Aushilfe: Madeline Bartsch;
Red.-Assistenz: Alexandra Jürgensen

Für Rezeptfragen, Korrekturen und Anmerkungen
www.zaubertopf.de/rezept-updates

Rezeptentwicklung
Charlotte Heyn, Vera Schubert; Koch: Sven Hoevermann

Layout
Nele Witt, Lara Klemm, Lisza Lange,
Sara Wegner; Bildbearbeitung: Kathrin Knoll

Lektorat
SchlussBlick

Fotografen dieser Ausgabe
Frauke Antholz, Tina Bumann, Anna Gieseler,
Jorma Gottwald, Sophia Handschuh, Oliver Hauser,
Maike Jessen, Kathrin Knoll, Katharina Küllmer,
Ira Leoni, Nicky & Max, Désirée Peikert

Abonnementbetreuung
abo@zaubertopf.de, Tel. +49 711 72 52 293,
mein ZauberTopf Abo-Service, Postfach 810640,
70523 Stuttgart

Mediaberatung
Silja Aicher (kontakt@aichermediakontor.de)
Aicher Mediakontor, Tel. +49 40 87 07 44 41

Martin Wetzel (Martin.Wetzel@brmedien.de)
Tel. +49 2241 1774 14, Fax: +49 2241 1774 20

Sascha Eilers (s.eilers@falkemedia.de),
Tel. +49 4340 49 93 79, mobil: +49 151 53 83 44 12
Fax: +49 4340 49 93 91

Anzeigenkoordination
Dörte Schröder (d.schroeder@falkemedia.de),
Tel. +49 431 20 07 66 12

Anzeigenpreise
Siehe Mediadaten 2020 unter www.zaubertopf.de

Produktionsmanagement/Druck
impress GmbH, www.impress-media.de

Vertrieb
VU Verlagsunion KG, Meßberg 1, 20086 Hamburg

Vertriebsleitung
Hans Wies, VU Verlagsunion KG (Hans.wies@verlagsunion.de)

Bezugsmöglichkeiten
Abo, Zeitschriften- und Buchhandel, Bahnhöfe, Flughäfen

Einzelpreis: 8,99 Euro (Gold-Edition);
5,50 Euro (reguläres Heft), 9,99 Euro (Spezial)
Jahresabonnement Gold-Edition: 29,90 Euro,
Europäisches Ausland zzgl. 0,90 Euro je Ausgabe. In den Preisen sind Mehrwertsteuer und Zustellung enthalten. Bezogen auf 4 Ausgaben im Jahr. Der Verlag behält sich die Veränderung der Erscheinungsfrequenz vor.

Manuskripteinsendung
Manuskripte jeder Art werden gern entgegengenommen. Sie müssen frei von Rechten Dritter sein. Mit der Einsendung gibt der Verfasser die Zustimmung zum Abdruck des Manuskripts auf Datenträgern der Firma falkemedia. Ein Einsenden garantiert keine Veröffentlichung. Honorare nach Vereinbarung oder unseren AGB. Für unverlangt eingesandte Manuskripte übernimmt der Verlag keine Haftung.

Datenschutz
Jürgen Koch (datenschutzanfrage@falkemedia.de),
falkemedia GmbH & Co. KG, Abt. Datenschutz,
An der Halle 400 #1, 24143 Kiel

Bei falkemedia erscheinen außerdem die Publikationen LandGenuss, So is(s)t Italien, Mein LandRezept, NaturApotheke, Mac Life, BEAT, DigitalPHOTO, BÜCHER und Die 101 Besten.

©falkemedia, 2020 | www.falkemedia.de | ISSN 2510-392X | ISBN 978-3-96417-123-8

falkemedia

ZAUBERHAFTES MIT ZIMT

Foto: siehe Rezeptseite | Illustration: Nele Witt

ZIMTZAUBER

Himmlisches Gebäck und zarte Plätzchen

AROMA
PUR

Porridge-Mischung mit Apfel und Zimt

00 05
std : min

LOW CARB LOW FAT

PRO PORTION (50 G): 187 KCAL | 5 G E | 5 G F | 32 G KH
ZUTATEN FÜR 1 GLAS À 500 ML

- ★ 50 g Mandelkerne
- ★ 80 g getrocknete Apfelstücke
- ★ 3 TL Zimtpulver
- ★ 300 g zarte Haferflocken
- ★ 50 g Rosinen
- ★ 12 g selbst gemachter Vanillezucker

Mandelkerne in den geben und **5 Sek. | Stufe 6** zerkleinern, umfüllen. Apfelstücke in den geben und **10 Sek. | Stufe 5** zerkleinern. Alle anderen Zutaten, inklusive der Mandeln, zufügen und **30 Sek. | | Stufe 3** vermengen.

>**HALTBARKEIT** Richtig gelagert hält sich die Mischung 5–6 Monate.

>**VERWENDUNG** Für eine Portion etwa 200 g Milch im **5 Min. | 90°C | Stufe 1** aufkochen. Etwa 50 g der Porridge-Mischung hinzufügen und **5 Min. | 80°C | |** köcheln lassen. Anschließend das Porridge 2–3 Min. ziehen lassen. In eine Schüssel umfüllen und servieren.

Foto: Anna Gieseler

FIX
MISCHUNG

Zimtbällchen

00 45
std : min

LOW CARB LOW FAT

PRO STÜCK: 88 KCAL | 0 G E | 5 G F | 10 G KH

ZZGL. 30 MIN. KÜHLZEIT

ZUTATEN FÜR 35 STÜCK

- **300 g Mehl Type 405 zzgl. etwas mehr zum Bearbeiten**
- **200 g Butter, in Stücken**
- **80 g Zucker**
- **1 TL selbst gemachter Vanillezucker**
- **1 Prise Salz**
- **4 TL Zimtpulver**
- **50 g brauner Zucker**

1 Mehl, Butter, Zucker, Vanillezucker, Salz sowie 1 ½ TL Zimt in den geben und **30 Sek. | Stufe 4** zu einem glatten Teig verkneten, dabei den zu Hilfe nehmen. Den Teig in Frischhaltefolie gewickelt 30 Min. in den Kühlschrank legen.

2 Den Backofen auf 180 °C Ober-/Unterhitze vorheizen und 2 Bleche mit Backpapier belegen. Übrigen Zimt und braunen Zucker in einer kleinen Schüssel mischen. Von dem Teig etwa walnussgroße Stücke abnehmen und mit den Händen zu Kugeln rollen. Die Kugeln in der Zucker-Zimt-Mischung wenden und mit etwas Abstand auf die vorbereiteten Bleche setzen. Im Ofen nacheinander jeweils 10–12 Min. backen.

3 Anschließend die Zimtbällchen aus dem Backofen nehmen und nebeneinander auf einem Rost vollständig abkühlen lassen.

>**HALTBARKEIT** Gekühlt gelagert sind die Bällchen etwa 1 Woche haltbar.

>**TIPP** Mit ein paar Tropfen Lebensmittelfarbe könnt ihr bunte Bällchen – zum Beispiel rote oder grüne – herstellen. Für Schokobällchen 2 EL Mehl durch 2 EL Kakao ersetzen.

VANILLEZUCKER

Dafür 1 halbierte Vanilleschote mit 200 g Zucker in den geben und **20 Sek. | Stufe 10** pulverisieren.

Fotos: Anna Gieseler (1), Archiv (1)

Zimt-Schoko-Schnecken

00 45
std : min

LOW CARB LOW FAT

PRO STÜCK: 451 KCAL | 8 G E | 20 G F | 60 G KH

ZZGL. 2 STD. RUHEZEIT

ZUTATEN FÜR 12 STÜCK

- 220 g Milch
- 140 g Zucker
- 30 g frische Hefe
- 190 g weiche Butter, in Stücken
- 500 g Weizenmehl Type 405 zzgl. etwas mehr zum Bearbeiten
- 1 Ei
- 1 TL Salz
- 60 g brauner Zucker
- 1 EL Maismehl
- 2 TL Zimtpulver
- 100 g Schokotropfen
- 500 g Wasser
- 110 g Frischkäse
- 50 g Puderzucker
- ½ TL Vanilleextrakt

1 Milch, 80 g Zucker und Hefe in den Mixtopf geben, **2 Min. | 37°C | Stufe 2** erwärmen. 80 g Butter, Mehl, Ei sowie Salz zufügen und **2 Min. |** Teigstufe kneten. Teig in eine Schüssel umfüllen, mit Frischhaltefolie bedecken und 1 Std. gehen lassen, bis sich sein Volumen verdoppelt hat. Den Mixtopf spülen. Den Varoma® und den Einlegeboden mit Backpapier auslegen.

2 80 g Butter, braunen Zucker, 60 g Zucker, Maismehl sowie Zimt in den Mixtopf geben und **10 Sek. | Stufe 4** vermischen. Den aufgegangenen Teig auf eine bemehlte Arbeitsfläche legen und zu einem Rechteck (45 × 30 cm) ausrollen.

3 Die Buttermischung über den gesamten Teig geben, dabei etwa 2 cm Rand auf jeder Seite frei lassen. Mit den Schokotropfen bestreuen. Anschließend den Teig von der langen Seite her aufrollen. Die Rolle in 12 Stücke schneiden, diese im Varoma® sowie auf dem Einlegeboden verteilen. Die Schnecken mit einem Küchenhandtuch bedecken und erneut 1 Std. gehen lassen.

4 Das Wasser in den Mixtopf geben, Varoma® mit Einlegeboden aufsetzen und die Schnecken **20 Min. | Varoma® | Stufe 2** dämpfen. Für die Glasur den Mixtopf leeren. Übrige 30 g Butter, Frischkäse, Puderzucker sowie Vanilleextrakt in den Mixtopf geben und für **3 Min. | 40°C | Stufe 2** vermischen. Über die Zimt-Schoko-Schnecken geben und servieren.

> **HALTBARKEIT** Luftdicht verschlossen halten sie sich etwa 1 Woche. Am besten sind sie frisch und warm.

BACKEN IM VAROMA®

Ihr könnt die Hefeschnecken mit oder ohne Backförmchen im Varoma® backen. Alternativ setzt ihr sie in eine kleine Springform, die in den Varoma® passt. Unterschiedliche Varoma®-Springformen findet ihr auch in unserem Shop unter www.shop.zaubertopf.de

Foto: Sophia Handschuh

Apfel-Zimt-Küchlein am Stiel

00 40 std : min

LOW CARB LOW FAT

PRO STÜCK: 221 KCAL | 3 G E | 12 G F | 26 G KH

ZZGL. 1 STD. 30 MIN. KÜHLZEIT

ZUTATEN FÜR 16 STÜCK

- **Mark von 1 Vanilleschote**
- **300 g Mehl Type 405 zzgl. etwas mehr zum Bearbeiten**
- **1 Prise Salz**
- **200 g weiche Butter, in Stücken**
- **150 g Zucker**
- **1 Ei**
- **250 g Äpfel, geschält, in Stücken**
- **1 TL Zimtpulver**
- **50 g Apfelsaft**
- **30 g Sahne**

AUSSERDEM

- **16 Holzstielchen**

1 | Das Vanillemark, Mehl, Salz, Butter, 100 g Zucker sowie das Ei in den ◯ geben und **30 Sek. | Stufe 5** zu einem glatten Teig verkneten. Den Teig in Frischhaltefolie wickeln und 1 Std. kühlen. Den ◯ spülen.

2 | Die Äpfel, 25 g Zucker, ½ TL Zimt sowie den Apfelsaft in den ◯ einwiegen und alles **12 Min. | 100°C | Stufe 1** kochen. Die Masse 30 Min. abkühlen lassen.

3 | Inzwischen den Ofen auf 180°C Ober-/ Unterhitze vorheizen. Den Teig auf einer bemehlten Arbeitsfläche verkneten, 3–4 mm dünn ausrollen und mit Herzausstechern 32 Herzen (7,5 cm) ausstechen.

4 | Je 1 Holzstab auf die Hälfte der Herzen legen, sodass dieser am Rand hervorsteht. Kompott auf die Hälfte der Herzen streichen, dabei einen kleinen Rand lassen. Mit einem weiteren Teigherz bedecken, die Ränder mit den Zinken einer Gabel andrücken. Mit Sahne bestreichen, restlichen Zucker mit dem übrigen Zimt mischen und die Küchlein damit bestreuen. Im vorgeheizten Backofen 10–15 Min. backen. Herausnehmen und auskühlen lassen.

>**HALTBARKEIT** Verpackt halten die Küchlein etwa eine Woche.

Foto: Frauke Antholz

Zauberhafte Zimtplätzchen

00 45
std : min

PRO STÜCK: 71 KCAL | 2 G E | 4 G F | 7 G KH

ZZGL. 1 STD. KÜHLZEIT

ZUTATEN FÜR 80 STÜCK

- **225 g Mandelkerne**
- **125 g weiche Butter, in Stücken**
- **125 g brauner Zucker**
- **1 Pck. Vanillezucker**
- **2 Eier**
- **300 g Mehl Type 405 zzgl. etwas mehr zum Bearbeiten**
- **3 TL Zimtpulver**
- **1 Prise Salz**
- **300 g weiße Kuvertüre**

1 | 125 g Mandeln in den geben und **5 Sek. | Stufe 7** mahlen, umfüllen. Die restlichen Mandeln in den geben und **4 Sek. | Stufe 5** hacken, ebenfalls umfüllen.

2 | Die Butter, beide Zuckersorten und die Eier in den geben, **1 Min. | Stufe 4** schaumig schlagen. Mehl, gemahlene Mandeln, 2 TL Zimt sowie Salz hinzufügen und mithilfe des **20 Sek. | Stufe 5** verrühren. Den Teig in Frischhaltefolie wickeln und 1 Std. kühlen. Den spülen.

3 | Den Backofen auf 190 °C Ober-/Unterhitze vorheizen. Bleche mit Backpapier auslegen. Den Teig portionsweise auf einer leicht bemehlten Arbeitsfläche etwa 0,5 cm dünn ausrollen. Mit verschiedenen Ausstechförmchen Plätzchen ausstechen und auf die vorbereiteten Bleche legen. Im Backofen auf der mittleren Schiene etwa 10 Min. backen. Die Plätzchen herausnehmen und auf einem Kuchengitter vollständig auskühlen lassen.

4 | Die gehackten Mandeln in einer Pfanne ohne Fett leicht goldbraun rösten. Aus der Pfanne nehmen und abkühlen lassen. Die Kuvertüre in den geben und **10 Sek. | Stufe 8** zerkleinern. Mit dem nach unten schieben. Den übrigen Zimt zufügen und alles **5 Min. | 50 °C | Stufe 2** schmelzen.

5 | Die Plätzchen zur Hälfte in die Kuvertüre tauchen, am Rand gut abstreifen und mit einigen gehackten Mandeln bestreuen. Vollständig trocknen lassen und servieren.

>**HALTBARKEIT** Die Plätzchen halten etwa 3–4 Wochen.

Foto: Nicky & Max

Zimtsterne

01 | 10
std : min

PRO STÜCK: 100 KCAL | 3 G E | 6 G F | 9 G KH
ZZGL. 30 MIN. KÜHLZEIT
ZUTATEN FÜR 35 STÜCK

- 250 g Zucker zzgl. etwas zum Bearbeiten
- 400 g Mandelkerne
- 3 Eiweiß
- 1 Prise Salz
- 2 ½ TL Zimtpulver

1 | Den Zucker in den geben, **30 Sek. | Stufe 10** pulverisieren und umfüllen, etwas zum bearbeiten beiseitestellen. Die Mandeln portionsweise mahlen, dafür jeweils 200 g Mandelkerne in den geben, **10 Sek. | Stufe 8** mahlen und umfüllen. Anschließend den sehr gut reinigen.

2 | Den Rühraufsatz einsetzen. Eiweiße mit Salz in den fettfreien geben und **5 Min. | Stufe 4** zu Eischnee schlagen. Während der letzten Minuten den Puderzucker nach und nach durch die Deckelöffnung hinzufügen.

3 | Den Rühraufsatz entfernen. Etwa 6 EL vom Eischnee abnehmen und abgedeckt in den Kühlschrank stellen. Die gemahlenen Mandeln mit dem Zimt zum restlichen Eischnee in den geben und **10 Sek. | Stufe 5** verrühren. Den Teig zu einer Kugel formen und 30 Min. in den Kühlschrank legen.

4 | Teig auf einer mit etwas Puderzucker bestäubten Arbeitsfläche etwa 1 cm dünn ausrollen. Mit einem Sternausstecher Plätzchen ausstechen. Die Teigreste immer wieder verkneten, ausrollen und weitere Plätzchen ausstechen, bis der Teig aufgebraucht ist. Die Sterne auf 2 mit Backpapier belegte Bleche legen.

5 | Den Backofen auf 140 °C Ober-/Unterhitze vorheizen. Übrigen Eischnee aus dem Kühlschrank nehmen und gleichmäßig auf die Sterne streichen. Die Backbleche nacheinander im heißen Backofen auf der 2. Schiene von unten jeweils etwa 20 Min. backen. Die Zimtsterne müssen sich beim Herausnehmen an der Unterseite noch leicht weich anfühlen. Auf einem Kuchengitter vollständig abkühlen lassen. Kühl und trocken lagern.

>**HALTBARKEIT** Kühl und trocken gelagert halten sich die Zimtsterne etwa 4 Wochen.

AUSSTECHEN

Den Ausstecher zwischendurch immer in etwas Wasser tauchen, damit der Teig nicht daran kleben bleibt.

Fotos: Frauke Antholz (1), Archiv (1)

ZWEITE RUNDE!

Mit diesen cleveren Ideen und eurem Thermomix® verwandelt ihr eure Gebäckreste in völlig neue Köstlichkeiten – genial!

STOLLENBUTTER

Ihr habt Stollenreste übrig? Dann macht Stollenbutter daraus! **100 g Stollen** in Stücken in den geben und **8–10 Sek.** zerkleinern. 250 g zimmerwarme Butter in Stücken zugeben, **15 Sek. | Stufe 5** mithilfe des vermengen. Die Butter auf ein Stück Backpapier oder Frischhaltefolie geben und zu einer Rolle (5 cm Durchmesser) formen. Im Kühlschrank 3–4 Std. ziehen lassen. Funktioniert auch mit Plätzchenresten!

KEKSKUGELN

20 g gefriergetrocknete Himbeeren im **8 Sek. | Stufe 8** pulverisieren und umfüllen. 50 g Mandeln **10 Sek. | Stufe 8** mahlen und umfüllen. 50 g weiße Schokolade **4 Sek. | Stufe 7** zerkleinern, 50 g Butter zugeben, **4 Min. | 40 °C | Stufe 2** schmelzen. **450 g Keks- und Kuchenreste**, die Mandeln, 20 g Marmelade sowie 50 g Rum zufügen, alles **20 Sek. | Stufe 6** zerkleinern und vermengen. Aus der Masse etwa 20 Kugeln formen, diese in den pulverisierten Himbeeren wälzen. Fertig! Servieren oder im Kühlschrank lagern. Ihr könnt die Kugeln auch in Kakaopulver wälzen.

KEKSAUFSTRICH

Aus euren Keksresten könnt ihr köstlichen Aufstrich zaubern! 100 g Butter in Stücken in den geben, **2 Min. | 80 °C | Stufe 2** schmelzen lassen. **200 g Kekse** (zum Beispiel Gewürzspekulatius) zufügen und **15 Sek. | Stufe 10** zerkleinern. 10 g Rapsöl sowie 300 g gezuckerte Kondensmilch zugeben und alles **15 Sek. | Stufe 4** vermengen. In 2 sterile Gläser füllen und im Kühlschrank lagern. Der Keksaufstrich ist verschlossen etwa 4 Wochen haltbar.

>**TIPP** Das Rezept funktioniert wunderbar mit Gewürzspekulatius, Vanillekipferln oder Zimtsternen.

FRÜCHTEBROT-POPS

Für Stollen, Honigkuchen oder Früchtebrot in Cake-Pop-Form etwa **5 Scheiben** zerkrümeln, mit 125 g Frischkäse und 50 g Puderzucker im **20 Sek. | | Stufe 2** vermengen. Sollte der Teig noch nicht glatt genug sein, ggf. mit den Händen auf der Arbeitsfläche verkneten. Den säubern. Aus der Masse kleine Kugeln formen. 250 g Kuvertüre in Stücken in den geben, **10 Sek. | Stufe 8** zerkleinern, dann **3 Min. | 55 °C | Stufe 3** schmelzen. Holzstiele auf einer Seite in die Schokolade tauchen, je 1 Kugel auf die Stiele stecken. 10 Min. trocknen lassen. Kugeln in die Schokolade tunken, nach Belieben verzieren. Zum Trocknen 1 Std. in ein Glas stellen, vernaschen oder verschenken.

SCHOKO MIT TOPPINGS

Es sind Schoko-Weihnachtsmänner übrig? Mind. **100 g Schokolade** in Stücken in den geben, **6 Sek. | Stufe 8** zerkleinern. Mit dem nach unten schieben, **5 Min. | 60 °C | Stufe 2** schmelzen. Backpapier auslegen, Schokolade portionsweise auf Backpapier geben, Toppings (Streusel, Trockenfrüchte) darauf verteilen. Bei Zimmertemperatur 2 Std. abkühlen lassen.

BAISER AUS EIWEISS-RESTEN

240 g Zucker im einwiegen, **30 Sek. | Stufe 10** pulverisieren, umfüllen. ½ TL Backpulver unter den Zucker mischen. Rühraufsatz einsetzen. **5 Eiweiße** in den geben, **3 Min. | Stufe 3** schlagen. Messbecher abnehmen, **30 Sek. | Stufe 3** weiterschlagen, die Zucker-Backpulver-Mischung durch die Deckelöffnung einrieseln lassen. Ofen auf 110 °C Ober-/Unterhitze vorheizen. Blech mit Backpapier belegen. Eischnee in einen Spritzbeutel mit Sterntülle füllen und Tupfen auf das Backblech spritzen. Baisers in den Ofen geben und etwa 1 Std. 30 Min. backen. Backofen ausschalten und die Baisertupfen noch ca. 10 Min. darin ruhen lassen, herausnehmen, über Nacht trocknen lassen.

Fotos: Ira Leoni (1) Anna Gieseler (2)